教育部人文社会科学研究青年基金项目

"中国丝绸之路的影像叙事研究"

（项目批准号：16YJC751026）

中国丝绸之路的影像叙事研究

王萍 · 著

ZHEJIANG UNIVERSITY PRESS
浙江大学出版社
· 杭州 ·

前　言

　　丝绸之路的开通,始于中国西汉时期。在中国乃至世界文明的发展历程中,丝绸之路都扮演着重要角色。随着政治、经济中心的不断迁移,丝绸之路也因为不同路线形成了各自的发展脉络,不同路线的贸易方式及其发挥的作用也各有不同。从地理位置上来看,起自中国古代都城长安(今西安),经中亚国家(阿富汗、伊朗、伊拉克、叙利亚等)而达地中海,以罗马为终点的西北丝绸之路,被认为是连通古代亚欧大陆的交汇之路,也是最早以及最常被提及的丝绸之路。从中国广东、广西等南边地区出发向西航行的南海航线,是海上丝绸之路的主线。此外,向东到达朝鲜半岛和日本列岛的东海航线也在海上丝绸之路中占据着重要位置。草原丝绸之路是由今天内蒙古河套地区往西,过中亚草原到东欧,横跨欧亚草原的通道。西南丝绸之路则从巴蜀出发,向西到达印度以及红海一带。丝绸之路的开拓不亚于一场“地理大发现”,它不仅打通了中国与周边国家、地区的交流壁垒,更加速了整个世界文明的融合进程。

　　随着科学技术的革新和社会发展,文化软实力越来越成为国际最具竞争力的因素,文化的继承和传播也日益受到社会各界的关注。2013年9月和10月,中国国家主席习近平在出访中亚和东南亚国家期间,先后提出共建“丝绸之路经济带”和“21世纪海上丝绸之路”的重大倡议(被简称为共建“一带一路”倡议)。此战略构想一经提出即受到国际社会的高度重视,并得到丝绸之路沿线各国的广泛支持。近年来,中国不断深入与丝绸之路沿线国家的经济与文化合作,“丝路精神”“中国故事”也在传播中得到不断弘扬,“丝绸之路影视桥工程”

"丝绸之路国际电影节"等都是繁荣丝绸之路影像创作、传播丝路文化精神的重要举措。中国丝绸之路影像的呈现形式,一方面以纪录片为载体进行真实记录,另一方面以影视剧为手段进行寓教于乐的文化传播。中国丝绸之路影像的呈现内容,兼具历史和当下的双重视角,既有对昔日辉煌文明的重现,也有对亚欧大陆平民史诗的书写;既有对政治经济大势的把握,亦有文化艺术表达的情感共鸣。在当前影视媒介飞速发展的背景下,"影像丝绸之路"的拓建,可以让"一带一路"沿线地域的人们增进彼此了解和互信,让中国故事传播到更多地方。因而,研究丝绸之路题材影视作品,挖掘丝绸之路沿线地域的文化、精神风貌,是拓宽丝绸之路文化传播的有效渠道。

综观国内外丝绸之路的研究,涉及历史考察、经济贸易、旅游开发、语言文化的交融等方方面面,对丝绸之路影视作品的研究也得到了不少专家学者的关注。本书从影像叙事的角度切入对丝路文化精神的解读,试图对中国丝绸之路的影像叙事进行一次较为系统的梳理。在此需要说明的有两点:其一,本书对"影像"的界定,存在限定范围理解的倾向。"影像"包含动态影像和静态影像,但本文仅仅针对影视作品进行研究,未涉及静态影像作品,在语言表述上难免有片面之处。其二,书中所涉影视作品也基本集中在中国境内,除了中外合拍作品外,甚少考察其他境外作品。同时,因收集及梳理影视作品难度较大,难免存在疏漏之处。

过去,古老的商路上留下的是骆驼、马队、旅人的脚印;而今天,现代航空、铁路、公路共同构筑了四通八达的交通网。岁月在流变,时代也在更迭,但丝路文化精神却一脉相传。"那种在艰苦环境中培养出超强的胸怀和毅力,完全不同于自给自足的小农经济,而是大家都充分意识到必须依赖整体和交换,通过分工协作和相互交换,才能应对自然挑战和生存下去。而这一点既是丝绸之路伟大精神的硬核,也是中华民族最深刻的命运密码。"①丝绸之路文化精神契合当前的命运共同体理念。丝绸之路的再开发,既是全球化时代背景下的顺势而为,更是"中国梦"和"世界梦"的共同愿景。

---

① 刘士林.中国丝绸之路城市群叙事[M].上海:中国出版集团东方出版中心,2015:26.

目　录

第一章　构建影像丝绸之路的历史使命与现实处境

　　丝绸之路自诞生以来，就是东西方之间进行贸易往来和文化交流的主要通道。丝路沿线中心城镇，在往来商旅频繁的停驻过程中不断扩建，逐渐演变为这条交通大动脉上的重要驿站，有的甚至成为闻名天下的世界之城。从文明发展的进程来看，丝绸之路为东西方文化的交融以及世界文明的进化带来了举足轻重的积极影响。时光荏苒，两千多年后，很多痕迹被岁月掩盖，古老的丝绸之路已无法被原汁原味地复现，我们只能在对聚落遗址、石刻壁画、文献记载的考证中管窥历史的身影，寻觅其文化踪迹。随着时间的推移，一些保存难度大、传承难以为继的丝路印记极有可能会被湮没在泛化的丝路文明中。通过影像手段对丝绸之路沿线文化遗产进行记录和传承，是抢救、保护、传播丝路文化的必要途径。影像丝绸之路的构建，可以为丝绸之路文化遗产提供更多的采集方式、更大的保存空间、更广的展示平台，也可以为受众提供观看、对比和研究的丰富资料。建设"丝绸之路经济带"和"21 世纪海上丝绸之路"倡议的提出，为丝绸之路的现代复兴带来了契机。从影像角度切入对丝路文明的解读，进一步关注"一带一路"在政治、经济、文化等方面交流的深化，具有强烈的现实意义。

第一节　全球化时代的丝绸之路

　　"大陆与大陆之间在相互影响，中亚大草原上发生的事情可以在北非感同身受,巴格达发生的事件可以在斯堪的纳维亚找到回响,美洲的新发现会影响中国产品的价格,进而使印度北部的马匹市场需求剧增。这些震颤都是通过一个网络传播到世界的各个角落,跟随着朝圣者、军队、牧人和商人旅行的足迹,伴随着交易的进行、思想的交流、相互的适应和不断的提炼。"① 全球化背景下的丝绸之路,不是在历史的长河中缅怀昔日的荣光,不是一个民族向其他民族的单向传播,而是立足于古老丝绸之路干线基础上的融合度更深、互鉴性更强、辐射范围更广的互联互通之路。

一、丝绸之路的历史溯源

丝绸之路的形成是在我国西汉时期,而"丝绸之路"这个名词的诞生则是在19 世纪。"丝绸之路"一词最先出现在著名德国地理学家费迪南·冯·李希霍芬所著《中国——亲身旅行和据此所作研究的成果》(简称《中国》)一书中。该书第一卷于 1877 年出版,第五卷于 1912 年出版,时间跨度长达 35 年。李希霍芬于 1868 年 9 月来到中国进行地理、地质考察,至 1872 年 5 月间,他用将近 4 年的时间走遍了大半个中国,记录下一路上的见闻。回德国之后,他根据对华考察的见闻写成了《中国》这部传世巨作。这部巨作汇集了他 4 年对华考察积累下来的丰富资料,对当时及之后地理学学界的研究都有重要影响。李希霍芬在书中谈到中国经中亚与希腊、罗马社会的交通路线时首次提出"Die Seidenstrasse"(德语,翻译成中文就是"丝绸之路")的概念,意指从公元前 114 年至公元 127 年间连接中国与中亚、中国与印度的丝绸贸易线路。1910 年,德国历史学家赫尔曼在其所著的《中国与叙利亚间的古代丝绸之路》一书中,主张把丝绸之路的含义一直延长到通向遥远西方的叙利亚的道路上去。1915 年,赫尔曼在《从中国到罗马帝国的丝绸之路》一书中,进一步把丝绸之路作为"中国经西域与希腊—罗马社会的交通路线"②。自此以后,"丝绸之路"这一术语被广泛运用。改革开放前,中国学者大多把丝绸之路称作"中西交通";20 世纪 80 年

---

① 彼得·弗兰科潘. 丝绸之路:一部全新的世界史[M]. 邵旭东,孙芳,译. 杭州:浙江大学出版社,2016:Ⅳ.
② 李明伟. 丝绸之路研究百年历史回顾[J]. 西北民族研究,2005(2):96.

代之后,国内学者开始大范围使用"丝绸之路"一词,"丝绸之路"在中国逐渐成为通行的概念。

研究影像丝绸之路,必然免不了要回顾丝绸之路的形成及发展历史。

公元前 141 年,汉武帝刘彻继位。在刘彻统治期间,为了打击北方少数民族匈奴的势力,朝廷派遣使臣张骞带队出使西域,旨在联合西域诸国一起对抗匈奴。在出使西域的路途中,张骞发现了西域的一些国家部落,以及一条早已存在于民间的通往西域部分地区的贸易交流通道。《史记·西南夷列传》中有记载,张骞在大夏(西域某国)见到了据说"得蜀贾人市"的"蜀布、邛竹杖",才获知巴蜀(今四川一带)早已有通往身毒(今印度)的道路,而产自巴蜀之地的名贵布料"蜀布",实际上就是丝绸。"蜀—身毒道"的记录意味着在张骞出使西域之前,内陆地区与西域诸国之间不同路线的民间商贸通道可能就已经存在了。在今阿尔泰地区发现的公元前 5 世纪的贵族墓,曾经出土中国丝织品,比如巴泽雷克 5 号墓出土了来自中国的有凤凰图案的刺绣。这一地区公元前 4 世纪至公元前 3 世纪的墓葬中,还出土了有典型关中文化风格的秦式铜镜。根据文字记载以及对出土文物的考证,几乎可以推断,中国内陆地区与西域地区早有往来。

当然,官方口径正式开通丝绸之路,是张骞从西域回来向汉武帝禀报了自己在西域的所见所闻之后,汉武帝刘彻"乃令骞因蜀犍为发间使,四道并出","皆各行一二千里"(《史记·大宛列传》),以此去探求更便捷的联系西域的道路。因此,"张骞通西域"标志着中原与西域诸国、部落之间的贸易往来通道正式开启,以国家为代表的官方贸易通道就此打开,并在此后的漫长岁月中不断延伸、拓展。张骞一行所经历的这段前所未有的旅程,被西汉历史学家司马迁称为"凿空之旅"。《史记·大宛列传》言:"……于是西北国始通于汉矣。然张骞凿空,其后使往者皆称博望侯,以为质于外国,外国由此信之。""凿空"即开通之义。司马迁以"凿空"一词,高度赞扬了张骞的出使壮举。这条贸易通道的开启,不仅促进了汉武帝统治时期中国经济文化的快速发展,开创了文景之治的繁盛局面,同时也加速了东西方国家之间经济文化交流的历史进程,使中国与中亚、印度构建起了紧密联系。

在曾经的世界版图上,亚欧大陆勤劳勇敢的人民,用双脚和船只探索出多条连接亚欧非几大文明的贸易和文化交流路线。从广义上讲,丝绸之路不仅包括陆上丝绸之路,还包括海上丝绸之路。使者张骞首次代表汉朝廷前往西域各地,当时以长安(现今的西安)为起点,经中国的甘肃、新疆,到达了中亚、西亚等地,第一次打通了当时中国与地中海各国的陆上通道。在之后的不同历史时期,由于使用功能的不同以及受沿线国家政治纠纷的影响,丝绸之路也出现了不同的路线。简单概括为四条:①西北丝绸之路,路线是长安—河西走廊—帕米尔高原—西亚—中欧;②西南丝绸之路,路线是四川—云南—印度;③草原丝绸之路,路线是华北—东北—蒙古高原—里海一带;④海上丝绸之路,路线是广州—东南亚—印度—红海。所以广义上的丝绸之路绝不单单是指陆上丝绸之路,它涵盖了后来从中国境内出发向西、向北、向南的各种贸易通道。

丝绸之路开通伊始,东西方的官方交流更多是以政治联合为主要诉求的,其次才是经济贸易。在当时交通工具不发达、物资运输成本相对较高的情况下,东方盛产的丝绸、茶叶、玉石等物产,因为材质新奇、易存放、运送成本相对较低、利润空间足等原因,成为西汉对外贸易中最畅销的商品,丝绸在当时西域诸国尤其受到热烈欢迎。丝绸之路之所以得名,除了丝绸本身在贸易往来中的重要地位之外,还因为丝绸代表了中国当时先进的生产技术。在古代社会,中国是最早开始种桑、养蚕、生产丝织品的国家。近年来越来越多的考古发现表明:自商、周至战国时期,中国丝绸的生产技术已经发展到相当高的水平。中国丝绸远销中西亚、欧洲,一度成为当地人们追捧的时尚织品。同时,丝绸的外销也说明,西汉时期中国的养殖农耕文明在世界上已处于相当领先的位置。也有不少学者认为,在古代货币经济没有普及的背景下,丝绸作为一种方便携带且稀缺的物资,起着国际货币的作用。① 迄今为止,中国丝织产品在世界纺织品贸易总额中仍然占据着重要位置。丝绸作为中国形象的代表,具有历史的传承意义。因此,若干年来,有不少研究者想给这条道路起另外一个名字,如"玉之路""宝石之路""佛教之路""陶瓷之路"等等,但是这些名字都只能反映这条贸易通

---

① 参见:彼得·弗兰科潘.丝绸之路:一部全新的世界史[M].邵旭东,孙芳,译.杭州:浙江大学出版社,2016:10.

道的某个局部,终究不能彰显"丝绸之路"的深刻内涵。

　　丝绸之路从西汉时期正式开通以后,一直作为中国对外交流的一条重要通道,在中国社会不同发展时期都扮演着重要角色。东汉时期,班超出使西域,联合西域多国灭掉了北方最凶悍的少数民族匈奴,加速了中原地区各民族的融合与稳定。唐朝时期,开放的国家政策吸引了不少异域人士来到中原腹地,不少国家都派遣了使者到唐都长安进行政治文化交流。佛教、东正教、摩尼教等也是经由丝绸之路传入中国的。今天的广州、泉州等城市,在当时是著名的对外港口,大量从大食国(唐代以来称阿拉伯帝国)首都巴格达来的船只经过波斯湾等海域在此登岸,进入中原地区。中原的造纸术、医术、道教文化,也沿着丝绸之路传向西域诸国。现代考古成果显示,西域诸国的很多壁画、绘画中都蕴含有道教文化元素。到了北宋时期,由于国力羸弱,北方少数民族不断侵扰,陆上丝绸之路渐渐衰落。与陆上丝路的衰落相对应的是,由于当时在造船技术、航海技术方面的优势,海上丝绸之路逐渐成为中国对外贸易交流的主要通道,迎来了一段繁荣发展时期。元朝时,雄厚的军事实力带来了内陆疆域版图的不断扩张,陆上丝绸之路再度繁荣。《马可·波罗游记》中曾有过对元大都的记载:"每个城郊在距城墙约一英里的地方都建有旅馆或招待骆驼商队的大旅店,可提供各地往来商人的居住之所,并且不同的人都住在不同的指定的住所,而这些住所又是相互隔开的。"①从商旅居住之所的兴旺,可以窥见元朝时期都城的商贸繁荣之象。到了明朝,欧洲国家开始了文艺复兴的思想启蒙,这场思想文化运动带来了科学技术方面的突飞猛进。中亚地区和东欧国家逐渐崛起,拜占庭帝国、奥斯曼帝国的出现,打破了以往陆上丝绸之路时代中国处于核心统领者位置的局面,陆上丝绸之路受战争等因素影响开始走向没落。但同一时期,以"郑和下西洋"为代表的出海航行之举,极大地鼓舞了海上丝绸之路的贸易交流,丝绸之路的海上贸易渐渐达到鼎盛状态。随着14—15世纪新航路的开辟和远航技术的进步,一个全球性的海洋交流网络逐渐取代了过去的亚欧大陆网络,陆上丝绸之路不可避免地受到了冲击。清朝时期,闭关锁国政策导致陆上

---

　　① 马可·波罗. 马可·波罗游记[M],梁生智,译. 北京:中国文史出版社,1998:118.

和海上丝绸之路都受到了极大影响。及至鸦片战争爆发,中国被迫打开对外贸易通道,此时中国在丝绸之路上的主动权已被"移交"到西方列强手上,传统意义上的丝绸之路实际已经衰亡。

从对丝绸之路兴亡史的简单梳理可以看出,丝绸之路的兴亡历程中也蕴藏着中国历史的走向。随着综合国力的不断增强,开放的中国需要与更多国家建立全方位的合作关系。在21世纪的今天,丝绸之路的共建已经提上议事日程,这条古老的商路正在焕发新生,带给沿线国家和人民更多的发展机会。

二、重建丝绸之路的现实意义

丝绸之路在古代各大文明的孕育、形成和发展过程中发挥了决定性作用,"其本质是交通路线,核心要点是亚欧大陆各主要古代文明发展过程中跨区域的文化交流与互动"①。两千多年前,"中国手工制造的丝绸可供迦太基和地中海周围其他城市的权贵富豪们穿戴,法兰西南部生产的陶瓷能够出现在英格兰和波斯湾,产自印度的调味品可以用在新疆和罗马的厨房,阿富汗北部的建筑雕刻着希腊文字,中亚畜养的马匹骄傲地驰骋在千里之外的东方"②。丝绸之路的开通,不仅推动了当时中国的贸易发展,对世界范围内的宗教传播、文化传播、科学技术发展以及人口流动都发挥着重要作用。

2013年9月,国家主席习近平在访问中亚国家哈萨克斯坦时提出了共建"丝绸之路经济带"的倡议,并在同年10月访问印度尼西亚时提出了共建"21世纪海上丝绸之路"的倡议。"一带一路"倡议一经提出就吸引了世界各国的关注,尤其是受到了丝绸之路沿线国家的欢迎。这一共同发展的提议,既与古老的丝绸之路精神一脉相承,又充分体现了21世纪全球化背景下的时代特征。"一带一路"倡议再次激活了曾经的古老商路,丝路沿线国家在共同目标下必将获得更广阔的发展空间。

---

① 巫新华. 新疆的丝路地位与文化底蕴[EB/OL]. (2015-11-17)[2022-06-29]. http://www.kaogu.cn/cn/xueshuyanjiu/yanjiuxinlun/bianjiangjizhongwai/2015/1117/52053.html.

② 彼得·弗兰科潘. 丝绸之路:一部全新的世界史[M].邵旭东,孙芳,译.杭州:浙江大学出版社,2016:22.

"一带一路"倡议的提出并非偶然,而是历史的选择,它响应了时代的号召,也契合未来的方向。"一带一路"倡议的主要思想是命运共同体理念,它昭示的是中国与世界各国携手奋进、共享共赢、共同发展的主题。

　　进入 21 世纪以来,全球化已经成为不可阻挡的发展趋势。一方面,各国要坚持独立自主的发展道路;另一方面,各国利益、权力又相互交融发展。这两者相辅相成。一个国家的战略地位、价值、作用,是在与他者的共生关系中体现的,也是在与他者的互动中实现的。全球化时代特征要求国家之间在共生关系中实现对立统一,这就要求各国更新政治理念,摆脱地缘政治观念的束缚,在全球时局中重新定义自己的位置。中国"一带一路"倡议的提出,是对全球化大势的现实回应,也为新时代背景下国与国之间如何实现共同发展提供了新的解决路径。

　　"打开世界地图可以发现,'一带一路',是世界上跨度最长的经济大走廊:发端于中国,贯通中亚、东南亚、南亚、西亚乃至欧洲部分区域,东牵亚太经济圈,西系欧洲经济圈,覆盖约 44 亿人口;'一带一路',是世界上最具发展潜力的经济带:沿线大多是新兴经济体和发展中国家,普遍处于上升期,无论是从发展经济、改善民生,还是从应对金融危机、加快转型升级的角度看,沿线各国的前途命运,从未像今天这样紧密相连、休戚与共。"[1]也就是说,丝绸之路的重建,是中华民族伟大复兴的重要举措,契合沿线国家共同发展的目标,必将推动"一带一路"沿线国家实现共同的经济增长。第 38 届世界遗产大会同意中国与吉尔吉斯斯坦、哈萨克斯坦联合提交的"丝绸之路:长安—天山廊道的路网"文化遗产申请项目入选"世界遗产名录"。古老的丝绸之路曾是经济繁荣、文明昌盛的象征,"丝绸之路"申遗项目的成功,让这条辉煌的道路再次吸引了全世界关注的目光。2014 年 5 月,哈萨克斯坦总统纳扎尔巴耶夫在同习近平主席会谈时表示:"哈方积极支持和参与丝绸之路经济带建设,拉动经贸、交通和边境口岸基础设施建设、金融等领域合作。"[2]同月,乌兹别克斯坦总统卡里莫夫在同习近平

　　① 杨眉,郭芳,姚冬琴.新丝路战略的经济支点[J].中国经济周刊,2014(26):20.
　　② 习近平同哈萨克斯坦总统纳扎尔巴耶夫举行会谈[EB/OL].(2014-05-19)[2022-06-29].https://www.xuexi.cn/1b07725245dffa2d06a6adc7fb1efb31/e43e220633a65f9b6d8b53712cba9caa.html.

主席会谈时表示："乌方愿积极参与建设丝绸之路经济带,促进经贸往来和互联互通,把乌兹别克斯坦的发展同中国的繁荣更紧密联系在一起。"①2014 年 5 月,巴基斯坦总统侯赛因在同习近平主席会谈时表示"巴中经济走廊建设进展顺利,巴方愿为加快实施有关项目提供便利,希望双方加强电力合作",并表示"中巴经济走廊建设是丝绸之路经济带和 21 世纪海上丝绸之路倡议重要组成部分"。② 2014 年 6 月,孟加拉国总理哈西娜在同习近平主席会谈时表示:"孟方赞同中方提出的'一带一路'重要倡议。孟中印缅经济走廊对南亚地区经济发展也具有重要意义,孟方愿积极参与。"③ 2014 年 6 月,意大利总理马泰奥·伦齐访华期间认为:"习近平主席提出的共同建设丝绸之路经济带的倡议富有创意。丝绸之路是古代东西方文明交流的重要标识,这一倡议再度唤醒了人们对历史的记忆。丝绸之路经济带对加强亚欧各国经贸合作的重要性不言而喻,建设丝绸之路经济带也是加强东西方文化、政治交流的好机会。"④ 2014 年 6 月,《中国—阿拉伯国家合作论坛第六届部长级会议北京宣言》指出:"阿方欢迎中方关于建设'丝绸之路经济带'和'21 世纪海上丝绸之路'的倡议,双方愿进一步扩大中阿双边贸易和相互投资,并重点在以下领域积极开展合作:推进基础设施建设,推动中阿产业合作发展,特别是深化能源、金融、人力资源领域合作。"⑤"一带一路"倡议在提出不到一年的时间内,已经得到沿线各国的官方支持和公开声明,再次佐证了"一带一路"的共建是大势所趋,是全球化进程中十分必要的推进力量。

　　"一带一路"倡议能够把中国的发展与沿线各国的发展对接起来,把中国梦与沿线各国人民过上美好生活的梦想对接起来,让周边国家从中国的发展中获益。从经济角度来讲,它有助于构建新的区域经济合作组织,形成国际经济新格局,打破相关各国的贸易壁垒,扩大进出口贸易规模,优化区域资源配置,增强区域内国家的国际竞争力,形成世界新兴经济增长区域。从国家层面上来

　① 杜尚泽,郝洪.习近平会见乌兹别克斯坦总统[N].人民日报,2014-05-21(1).
　② 杜尚泽,赵成.习近平会见巴基斯坦总统[N].人民日报,2014-05-23(1).
　③ 赵明昊.习近平会见孟加拉国总理哈西娜[N].人民日报,2014-06-11(1).
　④ 外国政要谈"丝路共建"[N].人民日报,2014-07-02(5).
　⑤ 中国—阿拉伯国家合作论坛第六届部长级会议北京宣言(摘要)[N].人民日报,2014-06-06(3).

看,有助于保障国家安全,并拓展中国发展空间,促进中国西部地区发展,维护西部地区的国防安全和边疆稳定,促使中国西部大开发战略得到更广深的挖掘和实现,推动中国中西部实现全方位发展,缓解中国东部地区的经济压力、人口压力等;同时,"一带一路"的建设,对于丝路沿线国家的稳定发展能起到一定的保护作用,有助于共同抵御来自西方强国的经济、军事压力。在"经济互利共赢、文明互鉴互荣"目标的驱动下,丝路沿线国家有意愿也有能力在多个领域展开合作。可见,丝绸之路的重新构建,不仅是复兴中华大业、实现中国梦的必然选择,也是全球化背景下各国求同存异、互联互通、抵制霸权的有效策略,既为沿线各国在当前复杂的国际局势中谋求新发展提供了新的机遇,也为亚欧国家的深入合作构建了宏伟蓝图。

随着"一带一路"倡议的提出,丝绸之路这条历史悠久的贸易通道,正在以一种全新姿态出现在世界舞台。目前,中国与丝绸之路沿线大部分国家已经达成了共建丝绸之路经济带的共识,并在文化、经济、旅游、教育等方面都已经制定了复兴和建设的目标计划。相信在不久的将来,古老的丝绸之路将重新焕发出耀眼光彩。与此同时,丝绸之路题材的文学作品、影视作品也喷涌而出,极大满足了人们对丝路文化的向往之情。随着丝绸之路的复兴,古老的城市重新崛起,新的经济体不断涌现,这条贯穿中西方文化版图的大动脉也即将开启它崭新的篇章。

第二节　东西方丝路文明的交融

丝绸之路的开拓是一次地理纬度的"大发现",它大大拓展了当时东西方人们的视野——原来在自己所熟悉的"一亩三分地"之外,世界上还有这么广阔的空间。从地理位置角度而言,亚欧大陆自太平洋西岸到大西洋东岸,是地球上陆地距离东西相连最长的两端。由于航海技术的落后以及当时统治阶级对扩充疆域的迷恋,陆上丝绸之路的开通可以说是必然之势。在数千年的历史长河中,东方文明与西方文明在碰撞、融合中不断推动着人类文明向前发展。

文明的交流是相互的,在交流中互鉴、自我更新,是大多数具有延续性的文明共有的发展形态。文化的交融与共享,既是对民族文化的尊重,也是不同民族的人们产生认同感和归属感的重要方式。英国学者约翰·霍布森在《西方文明的东方起源》(*The Eastern Origins of Western Civilisation*)中指出,丝绸之路是古代东方文明向西方传播的最重要的渠道。通过古代丝绸之路,东方将更加先进的"资源组合"(如思想、制度和技术)传播到了西方。丝绸之路让中国的丝绸和文明风靡全球:"丝绸作为一种奢侈品的同时,还成为一种国际货币。……早在 2000 年前,全球化就已经是事实,它提供着机遇,带来了问题,也推动着技术的进步。"[①]丝绸之路的历史就是一部浓缩的世界史。两千多年来,丝绸之路始终影响着人类文明的进程。

一、物质财富的汇聚

丝绸之路是一条文明与文明的交融之路,它体现在城市发展、人民生活的方方面面,涵盖政治经济、文化艺术、制度法律、思想观念、生产方式、娱乐方式等不同领域。法国籍伊朗裔学者阿里·玛扎海里在对一位名叫契达伊的古代波斯商人关于古代丝绸之路所写的回忆录进行研究之后,认为古代丝绸之路文化传播的深度与广度可能都远远超乎一般的想象。他指出,中国的谷子、高粱、生姜、麝香、大黄等物资,通过丝绸之路向西传播,对欧洲人的生活产生了深远影响。当时的香料商们赋予了"印度"一词"外洋""海外"的引申意义。"所有舶来品都叫作'印度的'……其实主要是中国的学问被记在了印度的账上。所以,世界史的中心转移了。大家赋予了香料之路一种它在历史上从未曾有过的作用。"[②]

汉朝时期的"凿空之旅"以及罗马帝国的不断向东扩张,使得整个亚洲产生了前所未有的紧密联系,贸易交流缓缓展开,为沿线地域的人接触新事物、新思

---

① 彼得·弗兰科潘.丝绸之路:一部全新的世界史[M].邵旭东,孙芳,译.杭州:浙江大学出版社,2016:10.

② 阿里·玛扎海里.丝绸之路:中国—波斯文化交流史[M].耿昇,译.北京:中国藏学出版社,2014:542.

想、新观念创造了机会,就连在空旷的草原上都可以看到来自他国的物品。然而,这条文明与贸易交流之路并不是那么容易开通的。中国商人去往西域、中亚一带,要经过环境恶劣的沙漠、高原、沼泽、山脉等,路途异常艰险。这就意味着,每一场交易都必须有足够丰富的回报,否则贸易旅程就难以延续。因此,在长途贸易中,丝绸、茶叶等轻便易携带的物品就成了主要商品。考古发现,早在新石器时期,勤劳智慧的中国人就已经开始养蚕、取丝和织绸。到了商代,我国的丝绸业已经出现了复杂的织机和织绸手艺。经过战国及秦汉时期的发展,中国丝绸生产已经达到了一个高峰期,几乎所有的地方都可以生产丝绸。古代的丝绸让整个丝路沿线的人为之疯狂。据相关资料记载,公元1世纪时,罗马人狂热地迷恋着从帕提亚人手中转手取得的中国丝绸,整个市场对中国丝绸的需求量不断增加,古罗马市场上丝绸的价格曾上扬至每磅约12两黄金的天价。沿线各国元首、贵族,无论男女,都身着丝绸制作的衣物招摇过市,他们把穿戴丝绸衣物与饰品视为富有与荣耀的象征。丝绸引发的攀比现象在当时引起沿线国家一些保守人士的担忧,这迫使元老院出台了法令禁止人们穿着丝衣,因为他们认为这种穿着是不道德的。丝绸的流入带给他们的担忧除了所谓"不雅"的因素之外,最为关键的是整个国家真金白银的外流。"老普林尼(Pliny the Elder)于公元1世纪后半叶写道,他最大的不满在于丝绸布料的成本,他悲叹道:'这比实际成本竟高出100倍!'他继续写道:'我们每年在东方奢侈品上为我们和我们的女人花费掉大笔资金,一年有多达1亿塞斯特斯(sesterce,古罗马货币单位)从罗马帝国流出,进入到边疆以外的东方贸易市场。'"[1]不过,除了货币之外,用来交换的还有来自红海的珊瑚、阿拉伯出产的精油,以及其他香料、玉石、染料、玻璃、银饰等。在丝绸之路沿线各个地区,不断衍生出风格各异的、具有当地特色的丝绸文化。中国丝绸文化与丝路沿线文化、艺术相结合,又衍生出新的丝绸制品、技术和文化,这些新的丝绸制品、技术和文化又不断地沿着丝绸之路返回中国,从而在宏观上呈现出了丝路之上丝丝缕缕的文化回流。

---

① 彼得·弗兰科潘.丝绸之路:一部全新的世界史[M].邵旭东,孙芳,译.杭州:浙江大学出版社,2016:16.

文献记载,东汉年间,中国和波斯国的贸易非常频繁。中国每年都会派遣使臣前往波斯,带去中国的丝绸、茶叶、陶瓷、古纸以及其他粮食作物,返程时则将波斯的玉石、珍珠、洋葱、黄瓜、石榴、香菜等带回中原。此外,阿富汗的青金石也跟随着商队的脚步不断流入欧亚各地。青金石流传到印度后,被那里的佛教徒供奉为佛教七宝之一,平添了神秘的宗教色彩。而葡萄、核桃、胡萝卜、胡椒、胡豆、菠菜(又称为波斯菜)、黄瓜(汉时称胡瓜)、石榴等的传播,为东亚人的日常饮食增添了更多选择。公元前103年,汉朝李广利将军率领3万大军攻打大宛。《史记·大宛列传》中提到,在这次战争中,双方曾利用秦人穿井技术协助攻防,最后签署了和议。公元前64年,汉宣帝派辛武贤大将军率军在敦煌和罗布淖尔以东的白龙堆地区穿卑鞮侯井,通渠屯田。这种井就是后来新疆各地广为使用的坎儿井。这种由中原西传的井渠技术,还传入了乌孙、印度,并通过商人向西传入了更为遥远的一些地区。公元1世纪的罗马作家普林尼,在其著名的百科全书式著作《自然史》(又译《博物志》)中就提到过"中国铁"。公元5世纪时,琉璃的制造方法由大月氏商人传入中国,此后,琉璃在中国被广泛运用,逐渐成为重要的建筑装饰材料。

往来丝绸之路的商旅越来越多,东西方之间物质财富的汇聚也越来越频繁。在离敦煌不远处的一处要塞遗址中,考古学家发现了一套约有三万五千字的文献。文献中生动地描述了发生在河西走廊地域的商业活动,从中可以了解到当时通商的一些规则。比如,进入中国的客商必须按照规定路线行走,必须携带通关文牒,等等。同时,在另一处遗址中发现了当时红海流域某港口一份从印度到罗马的运货合同,里面明确规定了双方的职责以及贸易的时间地点等具体信息。可见,公元2世纪时,大规模的商业活动与交流已是常态,当时的朝廷也出台了较为完整的规章制度来规范贸易行为。

二、思想观念的碰撞

文明的发展进程从来就不是一帆风顺的,文明交融的过程必然会带来相互之间的观念碰撞甚至思想冲突。"连接太平洋、中亚、印度和波斯湾的通道上不只是货物在流通,还有思想。最重要的思想是和神有关的。智慧和宗教的交流在这片地区一直非常活跃,如今则变得更为复杂,更具竞争性。地方宗教和信仰体系开始与一些具有影响力的宇宙观相碰撞,形成了一个使各种思想得以相互借鉴、相互改善并最终焕然一新的大熔炉。"①于是,佛教、景教、袄教、伊斯兰教、犹太教等外来宗教沿着丝绸之路走进了中国,中国原生的儒学、道教思想等也沿着丝绸之路向外传播。据史料记载,玄奘西行古代印度后,东印度迦摩缕波国的国王打听到中国佛教传入前,有道教经典流传,还曾请求唐朝将道教典籍译成梵文送给他们。唐太宗得知后即命玄奘等将《道德经》译成梵文送往印度。②而据学者分析,东印度和恒河流域后来许多习俗和礼仪有着道教影响的痕迹,其原因就与此事有关。③

丝绸之路横贯亚欧大陆板块,沿线有上百个国家、民族、部落。人们经常要与战争、疾病、饥饿等各种天灾人祸作斗争,力求生存。在物资匮乏、文明还不发达的条件下,宗教就成了人们的精神寄托。丝绸之路上的商业活动为宗教的传播提供了便利。比如,在佛教传播过程中,粟特商人就为连通中国和印度河谷起到了重要作用。与此同时,宗教也成为"商业成功的关键因素",越来越多的粟特人成为佛教徒,共同的信仰增添了商人们彼此之间的相互信任和密切往来。对于统治者而言,宗教则是维护稳定秩序、对人们形成精神约束的有效"工具"。统治者为了在竞争中占据优势,主动兴建各种豪华神殿,以此来拉拢与祭司之间的关系。祭司们通常具有极高道德权威或精神号召力,通过祭司的引导来强化对政权的掌控,是统治者们的惯用手法。有时候,统治者也会引入新的教派(听话的教派)来诋毁原有教派,达到稳固自身政权的目的。各大宗教在亚欧大陆之间传播,为了争夺信众和权威地位,时有较量、对抗,激烈时甚至会转化为暴力冲突。暴力冲突之后,随之而来的往往又是文明的融合、社会的变革。"丝绸之路上的智慧空间和神学空间十分拥挤,神祇和宗教派别、神职人员和地方首领在这里相互竞争。这不是一般的较量。……不同信仰之间的竞争都带

---

① 彼得·弗兰科潘.丝绸之路:一部全新的世界史[M].邵旭东,孙芳,译.杭州:浙江大学出版社,2016:24.

② 沈济时.丝绸之路[M].北京:中华书局,2010:64.

③ 阿里·玛扎海里.丝绸之路:中国—波斯文化交流史[M].耿昇,译.北京:中国藏学出版社,2014:171.

有浓厚的政治色彩。所有这些宗教——无论是印度教、耆那教、佛教还是那些根植于波斯的琐罗亚斯德教、摩尼教，还是西方的犹太教、基督教以及即将问世的伊斯兰教——或在战场中取胜，或在谈判桌上取胜，争相向人们展示其文化的优越和神明的灵验。对错的原则简单而粗暴：一个得到神或众神眷顾的世界才能够发展壮大，而那些崇拜虚假偶像、相信空头承诺的国家则注定遭受重创。"[①]

大规模的贸易和资金往来，不仅加速了丝绸之路沿线物产资源的流通，也促使沿线地区人们的生产方式、思想观念发生了重大变化。小村庄变成了小镇，小镇变成了大城市，越来越多的标志性建筑物拔地而起。随着生活环境的变化，人口也开始大规模流动，生活习俗、思想观念自然也在这种迁徙活动中相互影响、交融、改变。西域特产的葡萄酒，经过丝绸之路上的文化传递，逐渐成为中国传统酒文化的组成部分。西域的胡服传入唐朝，引发了唐人轻巧便捷的穿着风尚。丝绸之路沿线很多地区的人民都爱上了喝中国茶，并且喜欢在家中摆上中国瓷器。中国的造纸术传入沿线国家或地区，极大程度上推动了世界文明的向前发展。

在这条以丝绸为象征的贸易之路上，到处都留下了商人、牧民、士兵、传教士、僧侣的脚印，观念的碰撞、思想的融合也在沿线地区此起彼伏，人类文明进程就在不停地交锋、不断地更迭中一路向前。

第三节　丝绸之路沿线地域形象的塑造与传播

丝绸之路横贯整个亚欧大陆，丝路文化涉及政治、经济、文化、宗教等多个维度。人们对丝绸之路的研究一直未停止过。尤其在影视媒介诞生以后，运用影像手段构建丝绸之路形象成为丝路沿线国家的时代命题。丝绸之路逐渐从

① 彼得·弗兰科潘.丝绸之路：一部全新的世界史[M].邵旭东，孙芳，译.杭州：浙江大学出版社，2016：25.

一个抽象的历史概念,演变成具有内容指向及象征意义的文化符号。从 20 世纪 50 年代开始,这条颇具话题性的古老通道就吸引了无数影视创作者的目光,为影视创作领域提供了源源不绝的题材资源。从丝路历史到文化内涵再到日常生活中衣食住行的方方面面,影视作品以极富艺术表现力的手法呈现了丝绸之路上的故事,构建了丝绸之路的影像图景,在重塑社会记忆的同时,也传播了丝路沿线的区域形象。

一、丝路影像重塑社会记忆

随着中国国际地位的逐步提高,通过影像手段传播中国文化、讲述中国故事,已成为当前文化传播的重要诉求。党的十九大报告中呼吁:"推进国际传播能力建设,讲好中国故事,展现真实、立体、全面的中国,提高国家文化软实力。"①中国历史上关于丝绸之路的历史事件很多,张骞出使西域、玄奘西行取经、郑和下西洋等,都是丝绸之路影像作品中的经典题材。随着"一带一路"倡议的提出,以及沿线国家对丝绸之路盛况再现的热切支持,丝绸之路影像作品的创作空间将更为丰富。从目前已有的作品来看,"一带一路"倡议前后,丝绸之路影像作品在题材选择、主题表达、叙事策略、传播维度等方面有着较为明显的变化。同时,在技术手段革新的推动下,拍摄方式逐渐丰富,跨国合作、异地取景的成功案例越来越多,播放平台也逐渐趋向多元化。"一带一路"倡议为丝绸之路影视作品的跨文化传播拓展了途径,也大大提升了丝绸之路影视作品重塑历史记忆的可能性。丝绸之路题材影视作品试图让不同文化背景下的人们共同唤起有关丝绸之路的历史记忆,这就需要撷取丝绸之路上的文化记忆来打造丝路复兴共同体的理念认知。文化记忆是丝绸之路影像的内核,它能追溯沿线国家地区的历史,对构建沿线国家之间的情感认同、价值认同和文化认同具有至关重要的意义。

---

① 习近平:决胜全面建成小康社会 夺取新时代中国特色社会主义伟大胜利——在中国共产党第十九次全国代表大会上的报告[R/OL]. (2017-10-27)[2022-06-03]. https://www.12371.cn/2017/10/27/ARTI1509103656574313.shtml.

丝绸之路题材的影视作品数量较多,有纪录片、电影、电视剧、动画片、综艺节目等多种形式,其中纪录片的成果最为丰富。表1-1就是对目前已在电视节目、网络中出现的纪录片所作的梳理,分别呈现首播时间、片名、制作方、篇幅大小以及拍摄地域等信息,以便能够清晰反映丝绸之路纪实影像的概况。

表1-1 丝绸之路纪实影像作品列表(国内制作)

首播时间	片名	制作方	篇幅	地理区域
1954 年	敦煌壁画	中央新闻纪录电影制片厂	单独影片	河西走廊
1980 年 4 月至 1984 年 9 月	丝绸之路	CCTV(中央电视台)、日本NHK(日本放送协会)	30 集(中国、中亚 2 部)	长安—帕米尔—罗马
1980 年	敦煌石窟:第 45 窟	中央新闻纪录电影制片厂	单独影片	河西走廊
1983 年	古都长安	中央新闻纪录电影制片厂	单独影片	西安
1985 年	敦煌之恋	中央新闻纪录电影制片厂	单独影片	敦煌
2001 年	永远的丝路	中央电视台	20 集	丝绸之路
2004 年	德拉姆	北京数字印象文化传播有限公司、昆明大通路影视策划公司	单独影片	西南丝路
2006 年	新丝绸之路	CCTV、日本 NHK	11 集	中国境内丝路
2006 年	大河西流	甘肃酒泉电视台	8 集	敦煌
2006 年	敦煌写生	五洲传播中心、美国彩虹电视合拍	单独影片	敦煌
2007 年	大唐西游记	CCTV	6 集	中国境内丝路
2009 年	望长安	陕西省委宣传部、陕西省人民政府新闻办公室、陕西电视台	10 集	古代丝路起点长安
2009 年	玄奘大师	上海电影(集团)公司	单独影片	敦煌
2010 年	人文甘肃	甘肃广电	3 集	中国境内丝路

首播时间	片名	制作方	篇幅	地理区域
2012 年	丝绸之路上的美食	世界饮食类图书大奖赛组委会、中华美食数字电视卫星频道、青岛电视台	40 集	中国境内丝路
2012 年	丝路中国	中国电视制片委员会、美国国际卫视 ICN	国际篇和国内篇 2 部	丝路沿线 20 国
2010 年	敦煌	CCTV	10 集	河西走廊
2010 年	敦煌·寻找失落的文明	长城影视公司、绍兴电视台	13 集	河西走廊
2010 年	敦煌书法	甘肃酒泉电视台	4 集	敦煌
2010 年	玄奘之路	CCTV	6 集	中亚、西亚六国
2010 年	玄奘瓜州历险记	甘肃酒泉电视台	3 集	敦煌
2011 年	丝路秘史	CCTV	6 集	中国境内丝路
2011 年	茶马古道	北京数字印象文化传播有限公司	8 集	西南丝路
2012 年	丝路	CCTV	12 集	中国境内丝路
2012 年	龟兹·龟兹	CCTV	7 集	新疆库车
2012 年	文明甘肃	甘肃省委宣传部、甘肃电视台等	25 集	中国境内丝路
2013 年	敦煌伎乐天	甘肃酒泉电视台	单独影片	敦煌
2013 年	邮票上的甘肃	甘肃广电	9 集	中国甘肃
2013 年	丝路·重新开始的旅程	CCTV	8 集	中国—中亚
2013 年	对话龟兹	上海艺术人文频道制作、中央电视台纪录频道	5 集	新疆
2013 年	下南洋	中央新闻纪录电影制片厂	10 集	中国东南沿海、菲律宾、印尼、马来西亚等地

首播时间	片名	制作方	篇幅	地理区域
2014 年	西北望崆峒	中共平凉市委、平凉市人民政府和中央新闻纪录电影制片厂(集团)、北京新影春秋影视文化传媒有限责任公司联合摄制	6 集	丝路沿线
2015 年	河西走廊	甘肃省委宣传部和 CCTV 科教频道联合出品,北京伯璟文化传播有限公司承制	10 集	河西走廊
2015 年	对望:丝路新旅程	五洲传播中心、国家地理频道、新加坡 IFA 制作公司	单独影片	沿路七国
2016 年	永恒中国·魅力甘肃	甘肃省委部、法国亚欧洲际影视机构和法国电视台联合	3 集	中国甘肃
2016 年	海上丝绸之路	上海广播电视台、广东广播电视台、泉州广播电视台	7 集	海上丝路
2016 年	一带一路	央视科教频道	6 集	丝路沿线
2016 年	穿越海上丝绸之路	中央新影集团、中国国际电视总公司、广州市委宣传部	8 集	海上丝路
2016 年	丝路·沙与海的交响	CCTV 科教频道、中央新影集团、广东广播电视台、新疆电视台	4 集	广东,新疆
2016 年	天下妈祖	海峡卫视	5 集	海山丝路
2016 年	丝路印象	新闻出版广电总局国际合作公司、中华广播影视交流协会、宁夏新闻出版广电局等	7 集	陕西潼关至霍尔果斯口岸
2016 年	共赢海上丝路	深圳广播电影电视集团	8 集	海上丝路
2016 年	中国高铁	中央广播电视总台	3 集	丝绸之路中国段
2016 年	奇域:探秘新丝路	江苏华博在线传媒有限责任公司、深圳祖师汇科技股份有限公司等	15 集	新丝绸之路

首播时间	片名	制作方	篇幅	地理区域
2017 年	唐墓壁画中的丝路风情	CCTV	4 集	丝路沿线博物馆
2017 年	丝海探源	海峡卫视、福建省图书馆	6 集	福建四大商港
2017 年	丝路，从历史中走来	中央新闻纪录电影制片厂等	6 集	丝绸之路
2017 年	贺兰山	宁夏回族自治区党委宣传部、中央电视台科教频道等	6 集	宁夏
2017 年	丝绸之路经济带	国家新闻出版广播电影电视总局、中央电视台财经频道	8 集	沿线丝路
2017	海丝寻梦录	广东省委宣传部、广东广播电视台	3 集	海上丝路
2018 年	我的青春在丝路	芒果 TV、湖南广播电视台新闻中心	5 集	丝绸之路
2018 年	嗨！东盟——一带一路之东盟行	中国—东盟中心、北京电视台	6 集	东盟十国
2019 年	丝路微纪录	中宣部对外推广局、五洲传播中心	系列短片	丝路沿线
2019 年	丝路印象双子城	黑龙江省委宣传部、黑河广播电视台	5 集	中国黑河与俄罗斯布拉戈维申斯克市
2019 年	风情中国	北京天盛科学技术音像出版社	系列片	丝绸之路沿线
2019 年	一带一路上的智者	中国新华新闻电视网	3 集	丝绸之路经济带、海上丝绸之路
2019 年	寻迹古都长安	中央电视台科教频道	5 集	西安
2019 年	敦煌乐器	甘肃省文化产业发展集团	2 集	敦煌
2019 年	共同命运	丝路文化传播、新鼎明影视	单独影片	丝绸之路

续表

首播时间	片名	制作方	篇幅	地理区域
2020 年	海丝·茂名	茂名市广播电视台、深圳市博正文化传媒有限公司	4 集	海上丝路、茂名
2020 年	从长安到罗马	中国国际电视总公司、西安广播电视台等	50 集	西安—罗马
2020 年	穿越丝路的花雨	甘肃省委宣部、甘肃演艺集团、敦煌研究院等	单独影片	甘肃
2021 年	敦煌:生而传奇	企鹅影视、五洲传播中心等	单独影片	敦煌

从表 1-1 可以看出,丝绸之路影像作品总共经历了以下三个主要阶段:

第一个阶段是从新中国成立到改革开放之前。这一阶段技术水平有限,中国在国际话语权较弱的背景下,丝绸之路影像拍摄处于刚起步阶段,丝绸之路题材的影像作品总量很少,题材较为单一,具有强烈的主旋律感。

第二阶段从改革开放开始到"一带一路"倡议提出之前。这一阶段是丝绸之路影像拍摄与制作的崛起阶段。随着中国国力大增、国际话语权提升,这一阶段的丝绸之路影像作品明显增加,而且从拍摄方式到题材选取都有了明显变化,总量也增加了不少。从中也可以看出,国家层面非常重视丝绸之路题材的挖掘,所以出现了很多部由 CCTV 拍摄的丝绸之路影像,其主要目的在于提升中国影像作品在国际上的影响力,实现中国文化的跨国传播。

第三阶段是从 2013 年提出共建"一带一路"的倡议到现在。此一时期,全球化竞争日益激烈,区域化发展迫在眉睫,中国的国家实力在国际舞台上得到广泛认可,中国的"一带一路"倡议迅速得到周边沿线国家的大力支持。从这一阶段丝绸之路影像作品的名称中可以看出,这一阶段影像创作的核心在于"新丝路",重在挖掘丝绸之路在当下的现实意义。此外,现阶段的丝路影视创作也更加注重对大局观的把控,力图呈现丝路沿线各国的政策导向、国家与国家之间密不可分的联系等。

从纪录片的拍摄视角来看,丝绸之路影像作品主要分为四种:第一种是全景式描述,主要从宏观角度展现丝绸之路的沿线城市、历史变迁以及发展现状。第二种是从具象且微观的视角出发展现丝路文化,尤其是文化遗迹或者其他文化符号,主要从文化传承与保护的层面,引发人们对丝绸之路文化景观的缅怀和赞叹。第三种仍然采取微观角度,主要展现丝绸之路上的人。各式各样的人,杰出的或平凡的,都有着自己的传说或故事。第四种是从跨国传播的角度去展现沿线国家、地区在复兴丝绸之路中所承担的角色与所发挥的作用。尤其是在"一带一路"背景下,影像创作的焦点大部分停留在了新的丝绸之路干线之上。有的从史料出发,重新挖掘丝绸之路的辉煌历史;有的则立足当下,展现丝绸之路的发展现状。沙漠、骆驼、丝绸、商队、壁画、传教士等丝路元素,构成了丝绸之路影像中别具韵味的文化符号。丝绸之路影视作品充分发挥了影像特有的"再现"与"想象"功能,借由丝绸之路上的文化符号,串联起丝绸之路上的生动故事,建构起人们对丝绸之路的社会记忆。同时,影视作品在媒介现实呈现的基础上,通过对主题内涵的挖掘,把影像表达引向了更深层次的意义建构层面。

随着丝路题材的不断挖掘、影像素材的不断丰富,世界各地的人们对丝绸之路的社会记忆也形成了更为深刻的认知。丝绸之路题材影视作品,以其独特的切入视角让历史记忆、文化遗产变得生动而鲜活,在影像世界中诠释着沿线地区的千年沧桑。丝路文明在人类文明史进程中做出了重要贡献,影像重塑社会记忆的目的,是要让新时代的人们对丝路文明拥有清晰的历史观,更好地发挥这些历史遗产的社会功能。古代丝绸之路作为不同文明交流、融合最为生动的符号化象征,已经在人们脑海中留下了不可磨灭的印记。现代丝绸之路复兴,国家的互通、文明的互鉴即将催生新的记忆,并将最终镌刻在历史的画卷之上。

二、丝路影像传播区域形象

传播在本质上是一种现实得以生产、维系、修正和转变的符号过程。"传播的起源及最高境界,并不是指智力信息的传递,而是建构并维系一个有秩序、有意义、能够用来支配和容纳人类行为的文化世界。"①丝绸之路本身就是一条具有厚重历史底蕴的道路，丝绸之路影视作品在挖掘共同文化记忆的同时，也实现了对丝路文化的影像传播。丝绸之路从来就不是一条固定的道路。从古至今，丝绸之路的路线在岁月流逝中几经变迁，沿线城镇也早已变换了模样。朝代不断更迭，历史的巨轮不断向前，依然不变的是沿线地域人们对创造美好生活的坚定信念和永不停歇的动力。从这个意义上来说，丝绸之路所代表的更是一种精神力量。影像作品用镜头画面呈现过去的历史，记录当下的生活，并通过媒介方式进行广泛传播。这种传播从本质上而言，其实也是对丝绸之路沿线地域形象的一种塑造。丝路沿线地域的自然环境、社会环境、民俗风情，都会成为区域形象表达的窗口，加深观众对这一国家或地区的认识。

"一带一路"倡议得到丝路沿线国家的大力支持以后，关于丝绸之路的影视创作也加大了力度，不断涌现出一些优秀作品，对丝路沿线区域形象传播起到了巨大的促进作用。

纪录片《丝路·重新开始的旅程》跨越 7 个国家，记录了 60 多位与新丝路有关的人物和故事，用特定、具体的屏幕人物形象传达具有生命感、亲切感的追求梦想的行动和心路历程。走进新疆艺术学院的乌兹别克斯坦音乐教授海力、在草原上迈出成长第一步的 11 岁土耳其女孩娜赛普、勇闯迪拜的职业导游王露、米兰街头奔波的山东姑娘王诗晴、在上海找到属于自己未来的威尼斯人菲利普·加普亚尼……整个系列选择的人物各有各的经历，呈现出来的人物形象也给观众们留下了深刻印象。这些人物并不局限于某一个地方，而是遍布丝绸之路沿线国家和地区，透过这些人物呈现出来的，也是沿线区域的民族风貌和精神力量。土耳其伊斯坦布尔七彩电影制片公司曾制作大型纪录片《从父辈的土地到祖国：丝绸之路》，该片导演埃克雷姆·博拉赞表示，"古丝绸之路的影响在土耳其仍清晰可见"，"曾经为丝路商贾提供便利的驿站、集市及浴室目前仍在使用之中。土耳其积极地修缮及保护这些古老建筑，这些珍贵的历史文化遗产如今已成为旅游资源"。在其心中，"丝绸之路不仅是一条商路，更是一条沟

---

① 凯瑞.作为文化的传播[M].丁未，译.北京：华夏出版，2005：7.

通文明之路。她促进了不同民族、不同文化的和谐共存,培养了宽容友好的精神"。①

《一带一路》通过记录国内外 60 多个普通人物与"一带一路"的故事,以小故事阐述大战略,用事实和案例印证"一带一路""不是中国一家的独奏,而是沿线国家的合唱"。这部旨在诠释"一带一路"倡议的纪录片记录了中国与亚洲、欧洲、非洲、南美洲、大洋洲近 30 个国家、地区合作共赢、文化交流、民心相通的故事,展示了白俄罗斯工业园、中欧班列、阿联酋哈利法港、英国伦敦红色巴士等"一带一路"标志性项目成果,也生动呈现了沿线国家的丝路遗迹、文献文物、民俗风情。全片通过对文献资料、经典史籍的引用,以史鉴今,将历史上的著名人物、传奇故事转化为可知可感的影像画面,将当下人民生活的轨迹与历史记忆、丝路传承紧密相连,以此增强沿线人民的身份认同,引发强烈的情感共鸣。

《奇域·探秘新丝路》以"一带一路"为主题,以自驾游的方式沿着丝绸之路探险,通过重走不同国家和不同地区的形式,让观众们也跟着探险家领略当地风俗民情,审视中国身处的国际环境。其借助舞蹈中的"冰山雪峰、沙漠胡杨"场景,就能在短时间内调动观众对于古代丝绸之路的相关记忆,配合有时代气息的背景音乐,让人仿佛置身于穿越了千年的丝路场景中,给人带来视觉上的震撼和精神冲击。《奇域·探秘新丝路》在网络平台播出以后引起热烈关注,一度成为豆瓣网排行榜上的热门话题。它不仅用影像方式呈现了丝绸之路的新面貌,也有效拉动了"一带一路"旅游热潮。

《穿越海上丝绸之路》回顾的是海上丝绸之路历史进程,关注的是当下海上丝绸之路沿线城市的发展和人民的生活状态。这部纪录片集中反映了海上丝绸之路的开通对沿线各国经济、文化、艺术、科技等方面的影响,广州、泉州等港口城市在悠久的海上贸易历史讲述中呈现在观众面前。观众们不仅了解到诸多港口城市在海上丝绸之路发展历程中的贡献,也看到了这些城市在现代化进

---

① 参见:土耳其国家电视台播放丝绸之路纪录片[N/OL]. (2014-06-20)[2022-06-05]. http://lqnews. zjol. com. cn/lqnews/system/2014/06/20/018111777. shtml.

程中的即时状态。每个地域都有自己的地域特色和历史脉络,丝路港口城市更是受到海洋文明的熏陶,形成了有别于内陆城市的独特魅力。广州造船厂曾建造出知名古船"广州女士号",而今,这艘停靠在巴黎塞纳河边的船舶已经成为一家著名餐厅,吸引着慕名而来的游客。泉州作为宋元时期东方第一大海港,海上贸易频繁。为了抵御海盗的侵袭,习武健身就成为出海人的一种基本需求。泉州南少林寺的武术不仅受到当地武者的欢迎,还随着船队的航行传播到丝路沿线国家。

由中央电视台科教频道、中央新影集团、广东广播电视台、新疆电视台共同制作的六集大型纪录片《丝路:沙与海的交响》,全面展示了广东、新疆这两个丝绸之路重镇的辉煌历史和当代意义。广东是海上丝绸之路的起点,而新疆则是陆上丝绸之路的重要驿站。过去,这两个区域都有着各自的对外贸易线路,为海陆两条丝绸之路的形成做出了历史性的贡献。而《丝路:沙与海的交响》则将关注重点放在了两个区域的现代联通上面。珠海港、中欧货运班列、中巴国际公路等重要基础设施项目的建设,将广东和新疆这两个遥远的区域联通起来,形成了陆海联动、东西双向开放的格局。粤新欧中欧国际货运班列从广东东莞出发,经由新疆阿拉山口,奔赴中亚、俄罗斯和东欧,甚至远达西欧。中巴国际公路,又被称为喀喇昆仑公路、中巴友谊公路、帕米尔公路,是连接中国西部与巴基斯坦的重要通道。这条通道可以从新疆喀什抵达巴基斯坦的瓜达尔港,将中国西部内陆地区和广阔的印度洋联通。在广东中山,新疆姑娘阿尔孜古丽创立了自己的出口灯饰王国;在新疆喀什地区,广东援建的喀什国际经济合作区给喀什本地居民提供了大量就业机会。"一带一路"倡议将中国东部和西部连接成了命运共同体,广东和新疆承载了跨越时空的宏伟构想,正以崭新的面貌应对时代的挑战。

丝绸之路连接世界的东方和西方,覆盖了古代四大文明圈(中国、印度、希腊—罗马、波斯—阿拉伯)。从丝绸之路的行进路线来看,丝路文化的传播本身就是一种跨文化传播现象。各种思想、文化、艺术、技术等,都在这条世界通道上碰撞,甚至产生新的火花。共建"一带一路",实际上顺应了世界经济全球化趋势下和平共处、合作共赢的时代背景。在科技水平日益提升的今天,丝绸之路的再次开发、丝路文化的保护与传承,将会成为"一带一路"倡议下沿线国家与人民的共同使命。文化传播,影视先行。丝绸之路影视作品正是从共同的历史记忆和共通的思想情感出发,发挥影像媒介的大众传播优势,以实现对丝路沿线地域形象的有效传播。

第二章　丝绸之路影像叙事的内容呈现

中国丝绸之路题材的影视创作，大体上经历了三个阶段。第一个阶段是新中国成立初期，新生的中华人民共和国需要让国内外观众了解中国、了解中华文化，因而推出了一系列丝绸之路题材纪录片。第二个阶段是改革开放以后，经济的发展、思想的飞跃都需要开放的影像来匹配。以中外合拍丝绸之路为契机，丝绸之路题材影视创作迎来一波高潮。第三个阶段就是"一带一路"倡议提出以后，影视文化交流被纳入国家战略。虽然身处不同的历史时期，但这三个阶段的影视创作，在题材选择、主题内涵的表达方面，流露出一些共同的特征。

第一节　丝绸之路影像的题材元素

题材是文学艺术作品的内容要素之一，是创作者表现作品主题的基础材料。无论是在电影还是在电视作品的创作中，题材的选择都至关重要。从某种意义上讲，题材已经成为影视创作能否成功的先决条件之一。从纵向维度来看，丝绸之路历史悠久，时间范围宽广；从横向维度来看，丝绸之路涉及众多国家和地区，地域范围辽阔。久远的历史，辽阔的地域，也就意味着丝绸之路影像作品的选材范围非常广博。综观各阶段的影视创作，丝绸之路沿线的物产、技艺、遗迹、民俗、宗教、艺术等内容，一直是影像记录的重要切入点。在对这些题材元素的不断挖掘中，丝绸之路的文化内涵也得以不断丰富。

一、丰厚物产与精湛技艺

最初的丝绸之路，就是各国商人从中国运送丝绸的道路。养蚕、缫丝、织绸，是中国古代劳动人民的伟大成就。据考古学家推测，新石器时期中国人民就开始养蚕缫丝，大汶口文化时期就已有了丝绸织品。后因经济的发展以及纺织技术的进步，丝绸贸易逐渐发达。及至汉朝，在对外运输大规模扩展的条件下，中国丝绸的对外贸易达到了空前繁荣的地步。张骞出使西域之后，对外交流的通道被打开，丝绸源源不断地输往中西亚甚至欧洲，丝绸之路得以成形。唐朝时期，海上丝绸之路被打通，中国丝绸的对外贸易增添了新的通道。自宋代起，虽然陆上丝绸之路几度被阻断，但海上丝绸贸易得到了长足的发展，中国的生丝与丝绸通过海上通道被运往世界各地。中国丝绸在亚洲其他国家以及欧洲、非洲国家，都曾被奉为珍品，售价极其高昂。古罗马的贵族曾以身穿丝绸为荣。中国丝绸以其卓越的品质、精美的花色和丰富的文化内涵而驰名世界。两千多年来，中国丝绸沿着丝绸之路向世界各地传输，它给西方各国带去的不仅仅是华美的衣衫，更是消费风尚的改变。可以说，丝绸就是东方文明的象征之一。在以丝绸之路为题材的影视创作中，丝绸是最重要的元素，在不同年代、不同主题的丝绸之路影视作品中经常出现。

《丝绸之路系列 1》之《遥远的长安》中指出，古时的西安是一座国际化的丝绸贸易中心，商人们冒着化身白骨的风险，穿越凶险的塔克拉玛干沙漠、帕米尔高原以及阿拉伯沙漠，将丝绸带到了遥远的罗马帝国。在罗马人眼中，中国代表丝绸，所以又将中国称为丝绸之国。这一集中还提到在吐鲁番出土的一朵用丝做成的花，引出了一则古老的关于蚕丝传播的故事。古时于阗国没有蚕，于阗国王命令他的夫人，也就是下嫁于他的中国公主将蚕藏于头冠中偷运出境。伴随着趣味的讲述，几乎可以遥想古时丝绸外销的盛况。

《新丝绸之路》第七集《青海之路》也介绍了在都兰出土的丝绸的相关情况。美国大都会艺术博物馆和克利夫兰艺术博物馆，收藏着通过走私途径来到此处的中国唐朝时期的罕见文物——青海都兰古代丝绸物品。这些丝绸衣物保存完整，色泽绚丽，图案内容多样，有连珠纹饰、含绶鸟、花纹和狩猎场景。在青海出土的丝绸种类繁多,有的轻薄绵软,有的厚实挺括,有的色彩暗淡,有的鲜艳明亮。中国丝绸与中西亚丝绸,因织法不同而有着质地上的区别。在中国,由于蚕丝强韧光滑,不易扯断,所以中国的纺织技术是建立在以经线为基础的 S 形织法上,即经线起花的平纹织法。而西方的纺织品普遍使用的是纤维较短、易断的麻和羊毛,所以他们的纺织技术是以纬线为基础的 Z 形织法,即纬线起花的平纹织法。当中国的蚕丝传到中西亚后,粟特人和波斯人在中国经线起花的斜纹织法上创造出自己独特的纬线起花的斜纹织法,使得丝织物品呈现出色彩鲜艳、厚实、平挺且不掉色的品质。这就使中西亚产的丝绸有了返销中国的可能。据统计,都兰出土的古丝绸中,82%来自中原,18%产自中西亚。据历史考证,当河西走廊被阻隔后,青海成了丝绸之路上连接中国和中西亚的重要驿站。

除了丝绸、茶叶等远销海外的丰厚物产外,古老的技艺及有关器物也是丝绸之路影视作品中常见的题材元素。例如陶瓷技艺及其背后衍生的陶瓷文化,就是丝绸之路影视作品较为青睐的题材元素。

新石器时代,伴随着农耕文化的相对稳定,人们一并发明了烧陶技术。大约在公元前 6000 年的老官台文化时期,关中地区就有了较发达的陶器,少数钵形器口沿绘有一条宽彩带,这是彩陶的萌芽。在公元前 5000 年的西安半坡村的仰韶文化遗址中,发现了很多精美的彩陶,这表明半坡时期的人们已经能熟练地控制窑温。彩陶技艺分布地域广泛、延续时间长,从距今 8000 年到距今 3000 年左右,绵延了 5000 多年,跨越老官台、仰韶、马家窑、大汶口、屈家岭、大溪、红山、齐家等不同文化时期。在以陕西关中地区黄河支流的泾渭河流域及陕甘交界的陇山一带为中心的地区,有距今约 8000 年的老官台文化(或称前仰韶文化)彩陶的出土。彩陶在器型上很难看出来有其他特殊的用途,基本上都是日常生活用品,常见的有盆、瓶、罐、瓮、鼎等。可以说彩陶记载着人类文明初始期的经济生活、宗教文化等方面的信息。

甘肃彩陶文化最早发源于新石器时代,马家窑遗址、大地湾遗址出土的数以万计的古朴凝重、形式多样的彩陶,展现了世界彩陶艺术的辉煌成就。马家窑文化彩陶是古羌人创造的艺术，[①]彩陶器型、色彩、图案极具观赏价值，并且为史前文化的研究提供了重要依据。大地湾遗址位于甘肃省天水市秦安县五营镇邵店村，因其在原始建筑、农业起源、艺术、文字、宗教等方面是中华文明的雏形与代表，因此被称为大地湾文化。大地湾遗址考古发现的包括农业、制陶、文字、建筑、绘画等在内的一系列重大成果，对黄河流域新石器时代文明的历史进程研究以及华夏文明的起源研究具有重要意义。

将大地湾文化作为拍摄题材的影像作品多以纪录片的形式呈现。甘肃卫视拍摄的《发现彩陶》第五集《探源大地湾》、央视《走进科学》中的《大地湾之谜》和凤凰卫视《文化大观园》中的《史前大地湾》等，都秉承科普的态度，借助考古研究人员的讲述，从不同角度向观众呈现了大地湾遗址的壮美之处，通过丰富的历史遗存来一步步展示古老的制陶技艺，由此也让观众感受到原始先民的生活方式和生存状态。尤其是《发现彩陶》，更是以系列片的形式，连续、深入地挖掘了甘肃彩陶文化的历史。该纪录片共有七集，主要以甘肃临夏出土的彩陶王为导入点，重点反映了甘肃彩陶的发现过程及其文化价值，在向观众呈现甘肃地区彩陶散布地区、彩陶发现和发掘过程的基础上，借用彩陶向人们展示了甘肃地区悠久的丝路文化历史。纪录片《远古密码之陶说——马家窑彩陶》，通过对马家窑文化的发现、命名以及发展历程的介绍，讲述了马家窑彩陶在中国彩陶历史上的地位。该片借乌克兰画家娜达利娅以及彩陶收藏家王志安之口，道出了马家窑彩陶的悠久历史和珍贵价值，并通过对彩陶的近距离呈现，展示了马家窑彩陶纹饰的精湛技艺及文化内涵。纪录片《新丝绸之路》的第九集《十字路口的喀什》也介绍了喀什的陶艺。喀什的陶艺以花纹细腻、做工精美享誉中亚。喀什陶器承载着喀什的文化历史，也印刻着喀什居民生活的痕迹。现代生活的冲击给陶瓷手艺造成失传的威胁，但旅游业的兴盛又为喀什陶瓷业的发展带来了新的生机。

瓷器像丝绸一样，一度成为中国的象征。无论是墓穴里的陪葬品、博物馆里的陈列品，还是人们生活中的日常用品，陶瓷所代表的不仅仅是古老的技艺，

---

① 参见：王志安.马家窑彩陶文化探源[M].北京：文物出版社，2016.

它的发展、传播更与丝绸之路的历史紧密相连,自然也就成为丝绸之路影视作品中重要的题材元素。

大量的中国物产和技艺,经由丝绸之路传播到亚非欧国家,与之相应的是,大量的西洋物产和技艺也通过丝绸之路传到中国,文明与文明之间得以不断交流、融合,并焕发新貌。在丝绸之路影视作品中,丰厚物产和精湛技艺只是影像叙事的表象,因经济互通带来的文明互鉴才是影像表达的题中之义。

二、历史遗迹与民风民俗

季羡林先生说过:"世界上历史悠久、地域广阔、自成体系、影响深远的文化体系只有四个:中国、印度、希腊、伊斯兰,再没有第五个;而这四个文化体系汇流的地方只有一个,就是中国的敦煌和新疆地区,再没有第二个。"[①]敦煌,自古以来就是丝绸之路的节点城市,以石窟、壁画遗迹而闻名于世,素有"人类的敦煌""世界的敦煌"之称。敦煌藏经洞里的文书内容包含佛教、道教、摩尼教、景教等相关文献,涉及宗教、考古、文学、哲学、书法、绘画、服饰、舞蹈等众多领域,书写文字除汉文外,还有藏文、梵文、回鹘文、于阗文、突厥文、西夏文等,被誉为"古代学术的海洋"。有千佛洞之称的文物宝库莫高窟,可以说是敦煌文化的精髓所在,敦煌共有812个石窟,其中莫高窟就占了735个。莫高窟还有壁画4.5万平方米,泥质彩塑2415尊,分布在492个洞窟中;唐宋木构建筑5座,文献资料5万多件,是世界上现存规模最大、内容最丰富的佛教艺术之地。洞窟从形式和作用上可分为禅窟、殿堂窟、穹隆顶窟、影窟等多种形制;彩塑也是如此,有圆塑、影塑、善业塑等;壁画根据其反映内容,可分为故事画、尊像画、建筑画、佛教史迹画、装饰画等。莫高窟的建筑艺术、彩塑艺术以及壁画艺术都具有重要的考古价值,从各个方面反映了十六国、北魏、西魏、北周、隋、唐、五代、宋、西夏、元等十多个朝代间的东西方文化交流,是甘肃地区特有的文化资源宝库。敦煌这颗镶嵌在丝绸之路上的璀璨明珠,一直受到各国影像创作者们的喜爱,

---

① 季羡林.敦煌学、吐鲁番学在中国文化史上的地位和作用[M]//中国文化与东方文化.北京:新世界出版社,2017:171.

不少影视作品都以敦煌石窟为切入点去探寻丝路文化、甘肃地域文化的特征。

纪录片方面，《敦煌》最为典型。该片以角色为主线，用十集的篇幅，从探险家、开掘者、画匠、塑匠、舞者、商人等不同视角出发，讲述了莫高窟建造的背景、文物流转的经历、敦煌壁画的历史、彩塑的工艺、宫廷乐舞的盛况等，对敦煌一千多年的历史和生活进行了生动展示。比如第五集《敦煌彩塑》，以莫高窟塑匠赵僧子为背景人物，讲述了古敦煌的彩塑技巧以及塑匠们的生存状态，并通过对彩塑形态、神态以及服饰的展示，向人们讲述敦煌彩塑历经北魏、隋唐、五代的演变过程。第八集《舞梦敦煌》，从史料中寻得歌舞伎程佛儿的故事，并以此人物为线索带领观众领略敦煌乐舞的艺术魅力。《敦煌画派》《敦煌书法》这两个系列，也是建立在敦煌莫高窟遗迹基础之上，分别从壁画、书法的角度来探索敦煌这座艺术宝库。《新丝绸之路》第六集《敦煌生命》，则从壁画的制作、壁画病害的发生、壁画被窃取的层面，思考了壁画艺术的传承和保护问题。除了敦煌石窟以外，丝绸之路上还有天水石窟、凉州石窟、陇东石窟等其他遗迹，它们都是佛教东传历史中的有力证明。纪录片《中国石窟走廊》就从《石窟鼻祖》《敦煌丹青》《东方微笑》《国家宝藏》四个部分，探寻了中国石窟的历史及文化意义。

不光是纪录片，以石窟遗迹为主要元素的影视剧创作，同样是大众关注的焦点。四十六集电视剧《大敦煌》，以金字《大藏经》的命运为驱动，以"藏宝、夺宝、护宝"为主情节结构，串联宋代、清末、民国三个历史时期，在传奇故事的讲述中呈现了千年敦煌形成、发展、辉煌、衰败乃至重生的过程。

千百年来，记载着丝路历史的文化遗迹饱经风霜，承受着自然环境、社会环境的双重考验。影视创作者们纷纷选取石窟遗迹作为表现对象，既有对辉煌文明成果的重视，亦有对文明传承与保护的呼吁，更有对丝路文化、地域文化的当代思考。

如果说以石窟为代表的文化遗迹是丝路历史上留存下来的有形的、物质的宝贵财富，那么民风民俗则是在长期潜移默化中遗留下来的血脉传承。形态各异的民风民俗，也是丝路文化的一大亮点。

纪录片《新丝绸之路》第六集《敦煌生命》展现了农历四月初八即佛祖释迦牟尼诞生日时，莫高窟大佛殿前烟火缭绕、人声鼎沸的盛况。敦煌地区佛教文化兴盛,祭拜佛祖是敦煌人由来已久的传统。这一天,附近的居民都会来莫高窟唱歌、猜谜语,以表庆祝之意,这一习俗自石窟建成时起已传承千年。

纪录片《丝绸之路》的第二集,在讲述农业灌溉历史的过程中,还描述了黄河沿岸居民的商旅习性,以及游牧民族逐水草而居的迁居习性。片中专门提到了生活在祁连山的少数民族——裕固族,从译名含义、民族服饰到节庆活动、宗教信仰、饮食习惯,无不与其民族风俗息息相关。第六集中则呈现了维吾尔族人能歌善舞的天赋以及他们喜食馕饼的饮食偏好。第七集中展示了和田人们赶墟市的盛况和他们午休的生活习惯,还有他们房舍的建造喜好、装饰风格,以及居住方面的习惯。

又如,纪录片《敦煌》的《家住敦煌》一集中,从千层饼、揪面片等甘肃面食的历史和做法入手,试图从生活习俗的层面去消解全片宏大叙述的距离感。可以说,衣食住行中的食,在人们日常生活中占据极为重要分量。《丝绸之路上的美食》就是专门介绍丝绸之路沿线地区美食文化的电视节目。该片以来自不同国家的几位顶级大厨为主线人物,从各自的文化背景和饮食习惯出发,沿古丝绸之路进行美食体验,带领观众品味和感受古丝绸之路的民俗风光和美食风情。该片目前已拍摄两季。第一季是《穿越塔克拉玛干》,来自中国、法国、马来西亚三个国家的三名顶级大厨,沿新疆古丝绸之路北线,围绕塔克拉玛干大沙漠,从乌鲁木齐出发又再次回到乌鲁木齐(乌鲁木齐—吐鲁番—库尔勒—阿克苏—喀什—和田—塔克拉玛干沙漠—库尔勒—乌鲁木齐),完成了历时 29 天的美食之旅。第二季是《西安至敦煌》,来自阿根廷和英国的美食节目主持人走进中国西部,在品尝食物的过程中也串联起了不同国家的美食文化和饮食习惯。两季节目的核心关键词都是"菜品"。从这个关键词出发,不仅讲述了官府菜、商贾菜、市肆菜、民间菜和清真菜的由来及其制作工艺,而且还借由菜品引出了对民族习惯、生活习俗的解读,比如伊斯兰教不吃猪肉的禁忌、不同地区的牲畜宰杀习惯、祭祀礼仪等等。节目的摄制采用了大量采访、跟拍等方式,以跟随的视角带领观众共同感受美食的魅力。用味蕾打开文化交流的通道,用美食消除不同国家、民族之间的隔阂,让对美好生活的向往成为人类的共识,这正是以美食为主要元素的影视节目的创作初衷。

一方水土养一方人。西北丝绸之路、海上丝绸之路、南方丝绸之路,因其地域线路、自然环境的不同,在生活习性、民俗风情方面也有着各自的差异。作为南方丝绸之路延续的茶马古道,其沿途特定的地域形态、社会结构决定了当地族群的生存方式,形成了与其社会和文化相适应的婚俗。"一妻多夫"与"入赘婚",就是广泛存在于茶马古道沿线的婚姻习俗。在纪录片《茶马古道》之《盐井盐　女儿辛》一集中,拍摄了加达村制盐姑娘加诗永郡的婚礼。加诗永郡和未婚夫已经有了儿子,但是因为经济原因一直没有举办婚礼。按照当地习俗,新郎婚后要到女方家一起生活。加诗永郡说,婚后家里的劳动力增加了,生活会越来越好。这些代表性人物的择偶观和婚姻观,反映了西藏地区人民在恶劣自然环境中无可选择的生活方式,非常态的婚姻形式正是在艰难的生存环境中逐渐形成并为人们所接受的。

　　丝路沿线地区的文化遗迹、风俗习惯,蕴含着丝绸之路的精神传统、人文内涵,是丝路文化的重要组成部分,也是丝绸之路影视作品常见的切入视角。借助影像平台,这些有形和无形的文化遗产获得了更为深入的解读,进行了更为广泛的传播,也带给大众更真切、更多维的文化体验。

三、宗教信仰与文化艺术

　　中国是一个多宗教的国家。到新中国成立前,逐步形成了以佛教、道教、伊斯兰教、天主教、基督教等五大宗教为主体,兼有少数其他宗教和多种民间信仰的基本格局。这一格局的形成,与丝绸之路有着不可分割的关系。丝绸之路上的往来商旅,在进行经济贸易的同时,也将伊斯兰教、佛教、基督教等宗教文化传入了中国。

　　《丝绸之路》之《遥远的长安》中提到,基督教的一个支派聂斯脱利派在贞观九年(635)传入长安,当时的中国人称其为景教。景教起源于今日叙利亚,是从希腊正教(东正教)分裂出来的基督教教派,由叙利亚教士君士坦丁堡牧首聂斯脱利于公元428—431年创立,在波斯建立教会。景教被视为最早进入中国的基督教派,成为汉学研究的一个活跃领域。景教曾在唐都长安兴盛,并在全国都建有"十字寺"。《遥远的长安》中探查了关于唐朝景教的文献,并在一块碑刻中寻得了景教传入中国的文字记录。伊斯兰教创立于公元 7 世纪初的阿拉伯半岛,它的创始人是穆罕默德。伊斯兰教信奉真主安拉,主要传播于亚洲、非洲地区,以西亚、北非、西非、中亚、南亚次大陆和东南亚最为盛行。初唐时期,阿拉伯遣使入长安,可以视为伊斯兰教传入中国的标志。随着阿拉伯和唐朝交往的密切以及海上丝绸之路的开通,伊斯兰教开启了兵分两路进入中国的历程。纪录片《丝绸之路系列 1》的摄制队在长安参观了一座清真寺,并借由对寺庙建筑、信徒祈祷场面的展示,遥想了彼时伊斯兰教在中国的发展状况。纪录片《丝绸之路系列 2》的第六集《沙漠与可兰经》中,重点介绍了伊朗地区伊斯兰教什叶派的情况。公元 7 世纪,伊斯兰教分为两大派别,即什叶派和逊尼派。什叶派信徒主要居于伊朗境内,逊尼派信徒主要居于阿拉伯世界各国。《沙漠与可兰经》中就呈现了大批信徒在清真寺朝向圣城麦加祈祷的场景。

在传入中国的宗教中,佛教是传播最广、影响最深远的。两汉之际,佛教开始传入中国,自西向东,先传入新疆地区,至东汉末年传入洛阳。此后,随着僧侣以及商人的传播与推广,佛教广为流传。虽然唐朝皇帝崇信道教,但对佛教等其他宗教都采取宽容、保护的政策,使得佛教在中国逐步发展壮大。唐朝玄奘法师走遍天竺数十国取经,印度佛教大小乘各部派的经典之作逐渐被翻译并传播到中国。影片《大唐玄奘》、纪录片《玄奘之路》都是讲述玄奘法师在大小乘各派取得真经后圆满归唐的故事。更多影视作品则是通过寺庙、石窟和壁画中的佛教元素来解读佛教文化的。《遥远的长安》中,摄制组拜访了中国主要的佛教圣地——兴教寺。这座寺庙是高僧玄奘的安葬之所,至今还存有玄奘从印度带来的《贝叶经》。《新丝绸之路》第四集《一个人的龟兹》讲述了佛教在龟兹的发展盛况以及鸠摩罗什与佛教的渊源。龟兹是丝绸之路北道的必经之地,其中心位置是现在新疆的库车市。龟兹佛教以戒律严明而闻名西域,许多出家人选择来此修行就是希望能在艰苦的环境中磨炼意志。鸠摩罗什从小就在此潜心修行,并在孤寂的漫长岁月中将梵文经典翻译成了龟兹文,方便龟兹国民研习佛教。之后,鸠摩罗什来到长安,专注翻译佛教经典,300 卷浩繁经典得以化为精湛汉语在中原大地上广泛传播。

宗教既是一种信仰,又是意识形态和文化体系。宗教在传播过程中与当地传统文化相互融合,对许多国家和民族的社会发展、政治结构、经济形态、文化风尚、伦理道德、生活方式等都产生了不同程度的影响。在丝绸之路影视作品中,大量宗教题材都与艺术密切相关。纪录片《麦积山石窟》采用航拍方式对麦积山的 15 个特窟进行了系统拍摄,以虚实结合、情景再现的手法,将历史上麦积山佛教的起源与发展历程一一道来。该片对石窟佛像的造型、服饰以及面部表情进行了细致描绘,生动再现了佛教发展的政治环境以及石窟的建造过程,突出了麦积山石窟与佛教文化的渊源。石窟艺术多取材于佛教故事,可以说,石窟艺术是宗教文化的一种延伸。中国的石窟艺术兴于魏晋,盛于隋唐。它吸收了印度犍陀罗艺术精华,融合了中国绘画和雕塑的传统技法和审美情趣,反映了佛教思想及其汉化过程,是研究中国社会史、佛教史、艺术史及中外文化交流史的珍贵资料。有千佛洞之称的文物宝库莫高窟,是世界上现存规模最大、内容最丰富的佛教艺术地,它的建筑艺术、彩塑艺术以及壁画艺术都具有重要的文化历史价值。《丝绸之路系列 1》向人们展示了敦煌莫高窟这座艺术长廊的宏大规模,并通过对佛像样貌、雕刻风格以及壁画角色和服饰的呈现,使人们看到佛教文化与中国传统艺术的交汇。唐朝时期是莫高窟的黄金时期,第 130 窟的释迦牟尼雕像就是唐朝时期的杰作。这座大佛像约高 26 米,是丝绸之路上佛教文化东传的见证。《天山脚下》第一集中,通过临摹多年前的佛教壁画,揭示了佛教通过洞窟艺术宣传教义的现象。石窟艺术保存了大量的佛教遗迹,在中国古代文化遗产中具有极高的考古价值。而丝绸之路石窟分布地域之广、保存数量之多、绵延时间之长,在世界上也是极为罕见的。

外来宗教扎根于中国之后,不断吸收新兴学派思想,并在与中国本土文化结合的过程中产生了创造性发展,既融合创生了具有中国特色的宗教文化思想,同时也促进了传统艺术与宗教文化的交汇,并为丝绸之路影视创作提供了重要的题材元素。

第二节　丝绸之路影像的主题内涵

　　主题就是文艺作品想要表达的中心思想,它集创作者的创作目的性和审美取向性于一体,是一部作品的灵魂,也是作品创作的指南和目标。丝绸之路是中华民族历史和文化的象征,在中国的对外合作交流中具有桥梁意义。丝绸之路本身的延续与更新,丝路文化的保护与传承,对国家、民族、社会的发展都具有举足轻重的作用,因此必然成为影视创作所关注的重点。梳理丝绸之路影像作品可以看到,尽管中国关于丝绸之路的影视创作约莫70年历程,但作品类别却比较多样,题材十分繁杂,各个作品想要表达的主题思想也各有侧重。尽管如此,在众多思想各异的作品中,还是能抽丝剥茧般梳理出一条主题线来,那就是"回望历史,立足当下,放眼未来"的总体趋向。

一、认识过去,从历史中汲取智慧和力量

　　历史是万事万物发展的见证者。新旧的更替,朝代的兴衰,都可以从历史中窥见轨迹。一个民族的历史,代表着这个民族的过去,也意味着这个民族的根基。认识过去,是为了从历史中总结经验、汲取智慧,进而转化为未来前行的力量。在丝绸之路题材的影视创作中,对丝绸之路历史的回顾,在全部作品中占了一半以上的比重。

　　丝绸之路形成于西汉武帝时期。张骞出使西域,打通了商路,自此有了与西域各国的经贸往来。在各国政府的大力推动下,丝绸之路迅速发展起来,成为一条世界之路。公元16年,西域诸国断绝了与新莽政权的联系,丝绸之路一度被迫中断。公元73年,东汉班超出使西域,重新打通了丝绸之路。公元91—94年,西域50余国逐渐皆归属中央政府。公元97年,甘英出使大秦,将丝绸之路从亚洲延伸到了欧洲,丝绸之路进一步繁荣壮大。魏晋南北朝时期,政治、经济、文化成为丝绸之路交流的主要内容,佛教就是在这一时期传入中国的。唐朝是丝绸之路的鼎盛时期,经济文化水平都居于世界前列。在丝绸之路东段,

大漠南北与西域各国修了很多通往丝绸之路的分支路线,因为当时唐太宗被尊称为"天可汗",所以那些道路就被称为"参天可汗道"。当时西方的大食(阿拉伯帝国)、东罗马帝国也不断派使节到长安,敦煌、阳关、玉门这些丝绸之路沿线城镇就成了当时重要的贸易基地。中国的丝绸之路通道,除了传统意义上的西北丝绸之路外,还有西南丝绸之路和海上丝绸之路。在海上,中国也可以借助船舶通往林邑(今越南南部)、真腊(今柬埔寨)、河陵(今爪哇岛)、骠国(今缅甸),还可以从海上经过天竺(今印度)到西方的大食,与欧洲各国往来互通。广州、泉州、刘家港(今太仓港)等地,成为当时著名的对外港口。陆路上,西方各国取道中亚、西域,沿途驼马商旅络绎不绝;海路上,多由大食首都巴格达出波斯湾,远涉重洋来到东方。唐代丝绸之路的畅通,也进一步促进了东西方思想文化交流,对社会发展、意识形态繁荣产生了积极、深远的影响。安史之乱后,唐朝逐渐衰落,丝绸之路也逐步走向低谷。宋元明清时期,因内政外交的影响,丝绸之路逐渐全面衰落。2013年9月7日,国家主席习近平在哈萨克斯坦纳扎尔巴耶夫大学发表题为《弘扬人民友谊　共创美好未来》的重要演讲,盛赞中哈传统友好,全面阐述中国对中亚国家睦邻友好合作政策,倡议用创新的合作模式,共同建设"丝绸之路经济带",将其作为一项造福沿途各国人民的大事业。"一带一路"倡议的提出,给丝绸之路在新时代的重生带来了巨大转机。

回顾丝绸之路发展史,几乎是重现了中国对外交流历程的壮阔画面。以历史为切入视角的丝绸之路影视创作,虽说不可能完全复原历史全貌,但也在撷取历史碎片的过程中尽量为观众打开了历史之门。中日合拍纪录片《丝绸之路》,以对丝绸之路重镇历史的讲述为主线,通过史料记载、文物遗存、人物访谈等多种方式,描摹了丝绸之路的历史轮廓。西安、黄河、祁连山、黑城、莫高窟、楼兰、流沙古道、和田、火焰山、天山、龟兹,每到一处,都会向观众呈现该地的自然地理风貌,讲述该地的历史变迁,展示其文化艺术成就。该片每一集的片名都与地名有关,整个系列的叙述顺序也体现了丝绸之路以长安为起点的西行历程。第一集《古都长安》中,有对西安城墙的介绍,有对兵马俑、张骞墓以及汉唐皇陵的展现,借由这些历史的讲述回顾了长安这座历史名城在丝绸之路繁盛时期的景象。第四集《神秘的黑城》中,通过对黑水城遗址中一座大庙遗迹和各种瓦片文物发现的介绍,讲述了黑城辉煌、没落的历史。在历史的间隙中,还展现了党项、维吾尔族、吐蕃等多个民族的风俗礼仪以及佛教等各个宗教曾在此风行的盛况。第五集《莫高窟的生命》中,展现了莫高窟内众多佛像雕塑以及琳琅满目的壁画,由此引出丝绸之路历史上一个又一个动人的故事,并通过对雕塑和壁画内容、风格的考证,回溯了丝绸之路沿线地区间经济文化交流的状况。从西安到罗马,《丝绸之路》摄制组沿着丝路古道一路西行,不断挖掘丝绸之路上被黄沙或时间掩埋的历史,古丝绸之路的历史路线与纪录片的叙事主线重叠,千年历程在生动的讲述中扑面而来。该片开启了中华人民共和国成立以来对新疆古代遗址考古发掘的新纪元,尤其是楼兰、尼雅等南道遗址,中日双方摄制组都是首次进入,太阳墓、楼兰美女、佛塔、城址、佉卢文汉文简牍等也是首次在镜头中出现于世人面前。影像不仅记录下了考古发掘的震撼时刻,而且以文物为载体穿越时光,带领观众畅游了丝绸之路的辉煌历史。

纪录片《新丝绸之路》依然聚焦于对历史的回顾,却又在《丝绸之路》宏大叙述的基础上,增添了对历史重新审视的视角。与《丝绸之路》的线路性叙述不同的是,《新丝绸之路》截取的是历史的横断面,以篇章的形式对十处具有不同文化特征的地点进行了挖掘,在考古发现中将相关历史娓娓道来。第一集《生死楼兰》中,围绕小河墓地的发掘,小河人的生活、楼兰古城的存亡、罗布泊的迁徙一一被考证。曾经,一支古老而神秘的印欧人部落进入了罗布泊,所以才有了在小河墓地中沉睡数千年的欧罗巴美女。小河人的畜牧业相当发达,墓葬中的毡帽成分显示,当时的羊毛纺织已经具备非常娴熟的手工技艺。小河墓地往东100公里处,是丝绸古道上去楼兰必经的龙城。罗布泊地区的自然环境影响了居民的生存,楼兰王国与小河人有着类似的命运,最终消弭于历史的烟尘之中。第七集《青海之路》,讲述了丝绸之路上青海古羌中道的形成及发展历程。魏晋南北朝时期,在河西走廊被战乱阻断的时候,青海境内的古羌中道成了连接西方和中原的中间站。唐朝时期的青海路仍旧是丝绸之路的主干路,大量丝绸的出土以及都兰古墓群中西结合的特点,说明都兰在西方与中原三点一线中间占据着重要的地理位置。都兰丝绸不仅在图案上呈现出大量异族元素,其织法也与中国本地丝绸不同,带有波斯和中亚粟特艺术的风格特征。在对青海路的考证中,青海路作为中原与西域之间桥梁的地位逐渐凸显,唐朝与吐谷浑、吐蕃的和亲历史及经济文化交流历史也越来越清晰。

　　厚重、悠久的丝路历史是丝路文化的重要组成部分。依托影像认识过去,能从丝绸之路的艰辛历程中获得经验总结,能从丝绸之路的辉煌成就中增添文化自信,能从丝绸之路的优秀传统中汲取智慧和力量。

二、把握当下,在人的生存现状中探寻价值

　　回顾历史是为了更好地认清现在、把握当下。历史的辉煌已经成为过去,沉湎其中只会使人盲目自大、找不准自己的定位;历史的失败也已经成为过去,一味纠结只会使人丧失斗志、看不清前进的方向。将历史的是非成败转化为现在时刻前行的动力,这才是最重要的。因此,在讲述丝绸之路历史的同时,丝绸之路题材影视作品也将目光投向了当下,试图在人们的生活现状中找寻与历史的关联,把握现在时刻的存在意义。

　　纪录片《丝路·重新开始的旅程》就将镜头对准了当下丝路上的人和事。憧憬赛马的马场主,昆仑山腹地开采玉石的工人,吉尔吉斯斯坦中国炼油厂的建设,通过勤奋劳作在意大利站稳脚跟的中国移民,这些发生在当下的事情,共同汇聚成了丝绸之路上开拓新道路的故事。穿梭在威尼斯和上海之间的设计师,火车小站的值班员,酒店里的打工女孩,山区里的邮递员,这些不同职业不同身份的人,共同讲述了丝路驿站上关于坚守的故事。不远千里来到西安学习汉字的土耳其留学生,临摹敦煌壁画三十年的职业画家,昭苏草原上通过驯雕体会游牧文化的四川小伙儿,天水山区里表演了半辈子皮影戏的手艺人,他们穿梭于传统和现实之间,共同书写了丝绸之路上人们在文化传承中安放心灵的故事。奔波于帕米尔公路的大巴司机希望与女儿消除隔阂,沙漠中的少年希望战胜自己的恐惧,塔什库尔干的歌手希望到外面的世界寻求发展,乌兹别克斯坦的教授希望摆脱战争的阴影,中国的工程师希望修复中断的帕米尔公路,这些来自不同国家不同人物的微小愿望,共同构成了丝绸之路上人们怀揣梦想、在探索中前行的故事。贫困山区的少年开始自己的奋斗,巴勒斯坦商人想方设法与家人团聚,前足球运动员努力打理特色餐馆,前国际象棋手在多哈开启

新的人生,这些背井离乡的人用自己的经历构筑了丝绸之路上适应新生活的故事。导演陈晓卿认为,"普通的个体才是丝绸之路复兴的希望"。以个体想象群体,是很多文学艺术作品进行群体生存状态表达的方式。《丝路·重新开始的旅程》在这一理念下大胆创新,选择了丝绸之路沿线 60 多位普普通通的人物,在平凡真实的讲述中呈现他们日常生活中的喜怒哀乐,用影像的方式为他们当下的坚持与奋斗留下了历史的见证。

《对望:丝路新旅程》(以下简称《对望》)也是一部展示丝绸之路现代新貌的纪录片。丝绸之路有着悠久的历史,不仅形成了陆上交通的路线,也衍生出了海上航线,将东西方国家连接在一起。两千多年来,丝绸之路的线路和沿线城市历经变迁,但这条道路上往来的脚步却从未中断。物换星移中,古老的丝绸之路在现代建设者不懈的努力中焕发新颜,开启了新的征程。《对望》就是在"一带一路"倡议提出以后,专门针对"丝绸之路经济带"进行创作和阐释的影像作品。《对望》的核心词汇是"商品流通",切入视角是"货物的奇幻漂流"。在货物漂流的过程中,丝绸之路经济带沿线国家的现代面貌一一呈现。在喀喇昆仑公路的修建中,能看到自然环境的恶劣、当地基础设施的不足、中国工程人员的援助以及修路过程的艰辛。对财富密码的解读中,能看到作为丝绸之路象征的马匹在现代社会里依然不可或缺;能看到迪拜的黄金市场迎来了"中国"这个大客户;能看到在哈萨克斯坦的油田里,中哈合作产出的石油为现代化建设提供了源源不断的动力;能看到在吉尔吉斯斯坦的金矿里,中国勘探队带去的崭新的开采设备。对生活方式的介绍中,能看到土耳其人为延长保鲜期而用古老的洞穴储存柠檬;能看到在电力资源匮乏的新疆,古老的设施正逐渐被新技术替代。《对望》摄制组横跨亚欧大陆七个国家,沿着丝绸之路记录当年的丝路明珠重镇在推动"丝绸之路经济带"战略进程中所发生的变化。新交通干线的开辟,不仅缩短了从中国西北到欧洲的路程和时间,也给古丝绸之路沿线国家的贸易发展带来了巨大契机。土耳其的新鲜水果能快速运到亚洲进行贸易,吉尔吉斯斯坦正在努力成为中亚食品交易中心,中欧货运班列已取代海运成为亚欧贸易的主要运输方式。现代技术的发展给古丝绸之路沿线国家带来的冲击已经无法避免,在冲击中寻找机遇是当下人们正积极解决的课题。在运输方式的不断更迭中,丝绸之路沿线国家的基础设施建设、交通网络发展、经济贸易交流,正以全新的样貌诠释着新时代背景下的"互联互通"理念。

海上丝绸之路形成于秦汉,兴盛于唐宋,转变于明清,是中国与外国进行海上贸易往来的一条古老通道。唐朝中期以后,由于战乱及经济重心转移,陆上丝绸之路的中心地位逐渐被海上丝绸之路取代。那时,海上丝绸之路被称为"广州通海夷道",船队从广州出发,经南海、马六甲海峡、孟加拉湾、阿拉伯海到波斯湾,再由河口上溯到大食都城巴格达,开辟了当时世界知名的远洋航线。明朝时期,郑和率船队曾抵达亚洲、非洲 39 个国家和地区,对后来达·伽马开辟欧洲到印度的航线以及麦哲伦的环球航行都有一定意义的先导作用。可以说,这一时期的海上丝路发展到了极盛状态。鸦片战争以后,中国海权丧失,海上丝绸之路自此进入衰落期。2013 年 10 月,国家主席习近平访问东盟时提出"共同建设 21 世纪'海上丝绸之路'"的构想,在深化与东盟合作关系的基础上,发展亚欧非更广泛的合作关系。《海上新丝路》作为广西电视台与中央电视台共同解读海上丝绸之路战略的纪录片,应时而生。该片聚焦海上丝绸之路的当代情状,体现了中国与东盟各国的多领域合作,既有宏观的政策解读,也有微观的人物呈现。灯塔工作人员常成,十年如一日做检修,已成为维修灯塔雷达的专家。长居海外的留学生曾广孝,一边在海南寻根,一边学习汉语文化。在泰国生活的华裔后代陈文秋,在塑料和木材的生意中经营起了自己的商业王国。海南侨民捐建的泰国寺庙,依然可见海南渔家文化。在海上丝绸之路沿线,生活着无数平凡普通的人物,他们在自己的领域开拓、奋斗,不断延伸着古老的黄金航线,尝试把传承千年的海洋文明传向更远的地方。

无论是陆上丝路还是海上丝路,往日繁华已经逝去,能把握的只有当下。"一带一路"倡议的推进,使得古丝绸之路重新成为当前话题的中心以及影像创作的中心。在关注当下生活状态的丝绸之路影视作品中可以看到,商品贸易、文化交流可以跨越千山万水的距离,亦可以跨越语言文字的差异,在"互联互通"的理念主张下,丝绸之路沿线国家正焕发新生,踏上荣耀复兴的征程。

三、面向未来,在交流合作中谋求共赢

追溯历史的意义,不仅仅是把握当下,更重要的是放眼未来。共建"丝绸之

路经济带"和"21世纪海上丝绸之路",就是一项立足当前、着眼长远的倡议。当今世界政治经济局势正在发生深刻的变化,维护全球自由贸易体系和开放型世界经济是世界各国共同的目标。"一带一路"倡议致力于亚欧非大陆及附近海洋的互联互通,构建全方位、多层次、复合型的合作网络,实现丝绸之路沿线各国的多元、自主、平衡、可持续发展。可见,"一带一路"倡议是一种具有前瞻性的东方智慧。从长远来看,倡议的推行对世界政治经济局势的发展将产生深远影响。共建、共享、共赢、共荣,既是"一带一路"倡议的理念主张,也是丝绸之路题材影视作品面向未来的主题导向。

纪录片《一带一路》以解读"一带一路"构想为主题,对"一带一路"沿线30多个国家的面貌进行了多维度展示。摄制组沿着陆上丝绸之路和海上丝绸之路的轨迹,跨越亚、非、欧、美四大洲,足迹遍及丝绸之路沿线30多个国家以及国内20多个省(区市),累计行程20万公里。片中呈现了60余位普通人的"一带一路"故事。在生动的讲述中,宏伟的目标与美好的未来,都真实可触。全片分为《共同命运》《互通之路》《光明纽带》《财富通途》《金融互联》《筑梦丝路》六个部分,力图多角度、全方位展现中国的大国担当以及当今世界发生的深刻变化。从某种意义上来说,纪录片《一带一路》"是集中展现'一带一路'倡议和思想的纲领性作品"①。在这部纪录片中,沉寂多年的丝绸之路已被唤醒,发出激情四溢、未来可期的耀眼光芒。人类对交往的渴望是与生俱来的,"互联互通"就是这一渴望的具体实现。"一带一路"倡议将"互联互通"理念具象化,提出了五大联通模式,即政策沟通、设施联通、资金融通、贸易畅通、民心相通。纪录片《一带一路》将这"五通"巧妙地融进了具体的故事讲述当中。塔纳楞有一座火车站,是当地青年拍婚纱照的热门景点。这座火车站是老挝境内唯一的火车站,铁路长度仅有3.5公里,是从泰国廊开延伸而来。吉尔吉斯斯坦没有出海口,没有形成网络覆盖的铁路线,国内交通主要依靠公路运输,而公路几乎一半都是碎石铺就的乡村公路。改造公路与修建国际级公路,已被列入其国家发展

---

① 徐兆寿,巩周明.大说丝绸之路:新时期以来丝绸之路题材纪录片考察[J].中国电视,2017(11):50-55.

战略计划。然而,资金短缺、工程技术方面的挑战都是吉尔吉斯斯坦不得不面对的现实问题。只有实现公路、铁路、水路、空运、电、气、通信等基础设施的联通,大多数发展中国家才具备经济腾飞的基础;从未乘坐过火车的小女孩,才能实现坐上火车去看外面世界的微小愿望;麦地那到圣城麦加之间,才有更多的朝圣者能实现朝觐的梦想。一个又一个生动的事例表明,交通基础设施的完善,能极大提升丝路沿线国家普通民众的生活品质,也是国家战略面向未来的重要一环。《一带一路》虽然着眼于宏大主题,却从细微处落笔,在普通人的故事讲述中诠释了"互联互通"理念乃是民心所向。纪录片将"一带一路"描绘的"完善跨境基础设施建设"的愿景通过具体人物的生活变化来展现,使得这一宏大倡议更具说服力。《一带一路》不仅对中国的高速发展成果进行了全方位展示,同时也展现了中国在尊重沿线国家意愿和主权前提下开展的双边合作,并展望了全球贸易体系中多元合作、多边共赢的美好未来。

《你好,一带一路》系列微视频中,同样描绘了"一带一路"倡议下丝路沿线城市焕发新生的美好愿景。新成立的国家级自贸区,被正式纳入国际贸易与运输体系的国际港务区,直抵亚欧大陆另一端的四条中欧班列,"一带一路"倡议下的种种措施造就了一个更加开放、更加多元的"长安",昔日的世界之城必将重新登临世界舞台。土耳其的伊斯坦布尔,兼具亚洲版块和欧洲版块的地理优势,将丝绸之路的旅游资源发挥到了极致。马可·波罗的故乡水城威尼斯,已经与"一带一路"建立了连接,重新焕发了活力。正如习近平总书记所说的,"一带一路"建设"不是中国一家的独奏,而是沿线国家的合唱"①。生活在全球化时代的人们,渴望着人与人的交流、国与国的互通。作为全球高速铁路建设规模最大、运营里程最长的国家,中国在高速铁路设计、建造与运营方面拥有丰富的经验和完备的技术体系。这些宝贵经验和技术优势,必将帮助丝路沿线发展中国家搞好基础设施建设,实现经济跨越或腾飞,进而惠及每一个普通人的生活。

回顾历史,立足当下,展望未来,是中国提出"丝绸之路经济带"和"21世纪海上丝绸之路"倡议的重要题旨。"一带一路"是全球治理体系中的新探索、新

---

① 习近平.习近平谈"一带一路"[M].北京:中央文献出版社,2018:68.

路径,是中国为世界提供的一项充满东方智慧的发展方案,最终目的就是实现共同繁荣。"一带一路"倡议所描绘的愿景,也是沿线国家所达成的共识。随着"一带一路"倡议的不断推进,丝绸之路题材影视创作也越来越将叙事重心转移到对未来的关注上面。可以预见的是,"一带一路"沿线国家合作空间的拓展,势必会影响丝绸之路题材影视作品的叙事主题,从整体来看,丝绸之路题材的影视创作必将获得更为广阔的影像空间。

第三章　丝绸之路影像叙事的手法呈现

　　过去,通过贸易连接亚欧大陆的丝绸之路,极大促进了东西方文明的交融。"一带一路"的正式提出,将世界的目光重新汇聚到了古老的通道上。这条肩负着贸易、文化、政治任务的丝绸之路开始重放光彩,并承担起更多时代赋予它的使命。在这样的形势背景下,表现丝绸之路现实处境和样貌的影视作品大量涌现。《一带一路》《新丝绸之路》《丝绸之路经济带》《丝路·重新开始的旅程》《河西走廊》《海上丝绸之路》《穿越海上丝绸之路》等,从各个方面对丝绸之路进行全方位的解读与传播,充分展现了丝绸之路的前世今生。"一带一路"后的丝绸之路题材影视作品,不仅着力于对丝路文化的探寻,从历史、地理、人文等方面剖析丝绸之路,从而达到深化观众的文化认同的效果,还深入提炼了丝绸之路之于当代世界发展的启示,注重对古丝绸精神的传承和发扬,进而理清"一带一路"倡议精神的历史脉络,证明古丝绸之路及"一带一路"所蕴含的先进的"命运共同体"理念是正确无疑的。丝路题材影视作品创作的不断繁荣,也证实了中国已经更好地将丝路话语权把握在自己手中,向世界传达属于中国自己的声音。"影像叙事层面是影像逻辑和结构的最重要部分,也是容易吸引大众关注的部分,影像的叙事层面具有强大的吸入作用,它可以将观众牢牢地锁闭在故事之中,从而完成对观众的占有。"[①]因此对于影像叙事手法的探究极为必要,本章将从丝路文化的符号表达和丝路精神的价值表达两方面入手,探究丝路题材影视作品的叙事手法。

---

　　① 刘婷.影像叙事[M].北京:中国传媒大学出版社.2006:53.

第一节　丝路文化的符号表达

经过两千多年的积淀,丝绸之路已经逐渐由文化载体变成文化本身,形成庞大的丝路文化体系,并随着时代的发展,不断丰富着其文化内涵。在这条路上,中国将丝绸、瓷器、漆器、铁器物等传到西方,也获得了来自西方的胡椒、亚麻、香料、葡萄、石榴等。在这条路上,佛教、伊斯兰教及阿拉伯的天文、历法、医药等传入中国,中国的"四大发明"、养蚕技术等也由此传向世界。在当代"一带一路"倡议下,中国与西方秉持着和平发展、互利共赢的理念加大交流合作,又为丝绸之路的文化传承和发扬增添了浓墨重彩的一笔。丝路文化是两千多年来发生在这条道路上的历史,是沿途留下痕迹的人文地貌,是中西交融中秉持和坚守的精神文明。丝路文化包含了数千年以来在这条道路上留下的所有印记,包含了中国与沿线各国人民为共同繁荣发展付出的所有努力。丝绸之路题材影视作品通过影像符号的运用,对丝路文化内涵进行了较为全面的阐释。

结构主义的开创者索绪尔认为,符号由"能指"和"所指"两部分组成。"能指"是用以表示具体事物或抽象概念的语言符号;"所指"是指语言符号所表示的具体事物或抽象概念。在电影领域,巴尔特发展了索绪尔的符号学理论并将其引用到影像范畴,认为"能指"是影像画面呈现的且感官可以把握的物质形式;"所指"是指潜在画面背后的深刻意义。作为当代最常用的传播媒介,影像通过艺术化的手法,将"能指"融入其中,来传达"所指",即用符号来展现意义。正如赵毅衡所说,"符号是被认为携带意义的感知","意义必须用符号才能表达,符号的用途是表达意义"①。

丝绸之路题材影视作品,是用影像语言诠释体系庞大的文化命题。在影像叙事中,空洞的叙述是苍白的,必须将意义依托于物、外化于"形",才能通过符号与解释项的关系,将文化内涵清晰表达出来。于是,选择什么类型的符号便

---

① 赵毅衡.符号学:原理与推演[M].南京:南京大学出版社,2011:1.

成为丝路影像叙事的关键因素。丝绸之路的文化符号,一部分已经存在于人们共通的文化记忆里,它可能是历史课本上的人物张骞,可能是地理课本上的河西走廊,可能是人们内心无比向往的沙漠和驼队、帆船与海洋。这些已经植根记忆深处的印记,是丝路文化中较为典型的符号,让观众一旦看到就能引起联想。而另一部分,则是依靠影像语言的编排,使之承担起符号的作用,从而建立起新的文本内涵。综观丝路影像作品中的符号运用,可以发现,符号意义的传达,主要借助三种路径来实现:通过环境(地域)符号来描述丝绸之路特殊的地缘特征;通过人物符号来呈现丝绸之路的久远历史和当下状态;通过器物符号来传递丰厚的文化内涵和永恒的丝路精神。

一、地域符号:丝绸之路独特的地缘关系

地域,一般是指自然要素和人文因素综合形成的环境空间。一方水土养一方人,每个地方都有自己的历史传统、文化气韵,并会逐渐形成一个地域的文化标签。无论是在纪录片还是在影视剧中,地域环境都是建构丝绸之路历史的基本要素,也是丝路文化的重要组成部分。丝绸之路题材影视作品中呈现的不仅是丝路沿线地域的地貌特征,更重要的是,每个地域的历史文化会随地理标签一起通过影像的方式传递给观众,构成大众对该地域的文化记忆。

阿莱达·阿斯曼指出:"虽然地点之中并不拥有内在记忆,但是它们对于文化回忆空间的建构却具有重要的意义,不仅因为它们能够通过把回忆固定在某一地点的土地之上,使其得到固定和证实,它们还体现了一种持久的延续,这种持久性比起个人的和甚至以人造物为具体形态的时代的文化的短暂回忆来说都更加长久。"[①]丝绸之路题材影视作品,大多是从探寻丝绸之路的踪迹出发,来逐步深入展现丝绸之路的历史文化。时代更替,也许昔日的历史只能通过描述来了解,但这些历史发生的地理位置是不变的。无论地理环境如何变化,仍然是古代与现代最好的连接,能使观众在此窥探和触摸到一点历史的印记。这些

---

① 阿莱达·阿斯曼.回忆的空间:文化记忆的形式和变迁[M].潘璐,译.北京:北京大学出版社,2016:344.

在影像中呈现出来的地理标志,第一时间就让观众建构起与丝绸之路相关的文化记忆空间。敦煌、河西走廊、西安、泉州等等,这些具有标志性的地域符号,将观众带到了与这些符号相连接的历史记忆之中。纪录片《新丝绸之路》更是以地域符号作为串联全篇的线索,①讲述丝绸之路沿线地区已经发生的和正在发生的故事。人们可以了解到欧罗巴人不断迁徙的历史以及充满神秘气息的楼兰古国,可以去探寻龟兹佛教文化的发展变迁,可以看到吐鲁番柏孜克里克不同文明和平共处的状态,可以通过敦煌石窟去触摸古老中华文化的魂灵。这些具有丝绸之路典型地缘特征的符号,串联起了丝绸之路的行进轨迹,在汇聚丝路沿线各种灿烂文化的同时,也带领观众们走进了丝绸之路的前世今生。地域符号不仅让观众们看到了丝绸之路沿线国家和地区的地域特色,也让观众们对丝绸之路地缘文化有了更加具体和深刻的认知。在纪录片《丝绸之路经济带》中,为了展现丝绸之路这条古商路上商业文明的历史、现在和未来,摄制组探访了丝路沿线的古老商业驿站、商业重镇,涉及哈萨克斯坦、土库曼斯坦、巴基斯坦、乌兹别克斯坦、俄罗斯、土耳其等 13 个国家。在国内,摄制组也辗转新疆、甘肃、宁夏、陕西等 11 个省(区市),深入挖掘了留存至今的古商业文明遗迹。古老驿站和商业文明遗迹,这些具有典型地缘特征的符号与丝路文化关系密切,不仅承载了丝绸之路商业文明的智慧,也让观众进一步感知到丝路贸易的活力,从而可以展望世界经济发展的未来。在《丝绸之路经济带》第二集《丝路·贸易》中,人类商业文明的理念、新丝绸之路贸易进程,就是通过地域符号来展现的。江苏盛泽,有着"日出万绸、衣被天下"的美誉,是现代商贸体系中有名的"江南绸乡""纺织名城"。古色古香的中国传统建筑,充满文化韵味的蚕皇庙,以及养蚕、抽丝、织制的产业化流程,共同构建起了一个底蕴浓厚的"丝绸之都"。而"绢马贸易"的前世今生,在盛产汗血宝马的阿什哈巴德马场可窥一斑。这些地域都携带着悠久的历史文化印记,在岁月的推移中形成了具有符号意义的地域景观。第三集《丝路·交通》选取了吉尔吉特这个具有特殊意义的地方。

---

① 《新丝绸之路》共十集,分集名称分别是:第一集《生与死的楼兰》;第二集《吐鲁番的记忆》;第三集《草原石头祭》;第四集《一个人的龟兹》;第五集《和田寻宝集》;第六集《敦煌生命》;第七集《青海之路》;第八集《探访黑水城》;第九集《十字路口的喀什》;第十集《永远的长安》。

它是中国与南亚往来的咽喉要道,过去曾是张骞出使西域的必经之地,现在则是中巴公路的要塞区。在自然环境艰险的情况下,中国义无反顾帮助巴基斯坦在群山之间开山辟路,因为筑路而遇难的中国工程人员数不胜数。因此,吉尔吉特这个地方,不仅是南亚的经济、交通中心,更承载着中国人民对巴基斯坦的援助之情,是中巴友谊的见证。第三集中选取的另外一个交通枢纽,是土耳其的伊斯坦布尔。作为贯通亚欧大陆的古城,伊斯坦布尔有着热闹的往昔,如今也依旧繁荣。往来不绝的客商,熙熙攘攘的人潮,一直都是这处丝路驿站的盛景。在第七集《丝路·文明》中,伊朗的纳林古堡、中国的新疆吐鲁番与西安、哈萨克斯坦的塔拉兹、乌兹别克斯坦的撒马尔罕、巴基斯坦的塔克西拉、哈萨克斯坦首都阿斯塔纳(2019年3月改名努尔苏丹)等,都展示出了各具特色的地理风光和地方民俗特色。丝绸之路影视作品正是通过对地理环境的影像化呈现,建构起丝路文化的叙事空间,使观众在认知沿线地域自然风貌的同时,也深入感受到沿线地域所孕育的历史传统和文明记忆。

除了地理环境以外,场景也是地域符号的一部分。场景是影片叙事的基本载体和影片特定的空间环境,也是影片重要的造型元素。场景的选择、利用、排列、构成,会影响影片的基调与风格,决定一段叙事情节的完整度,制约人物形象的塑造,关系影片的影调构成,等等。地理环境对地域特征具有决定性的作用,而场景符号也与地域文化有着不可分割的联系。例如,提起张骞出使西域,人们很容易就联想到沙漠、驼队;提起玄奘西行,就容易联想到沙漠、讲经;提起郑和下西洋,就容易联想到港口、船队……很多历史画面都是通过具象的场景来实现的,经过镜头的编排成为影像中有明确指向的表意符号。

在丝绸之路题材影像作品中,经常会用到"沙漠"这一场景符号。《一带一路》之《共同命运》中,沙漠和驼队是古老商道上贸易往来的象征;《河西走廊》中,沙漠的出现喻示着张骞出使西域过程中的诸般艰辛;《新丝绸之路》中,沙漠又与充满神秘色彩的楼兰古国紧紧相连。可以说,在有关陆上丝绸之路的讲述中,沙漠几乎成了既定的文化符号。类似这样的场景符号与丝路文化相辅相成,使观众心中的丝路记忆更加清晰。习近平主席曾在纳扎尔巴耶夫大学的演讲中说道:"站在这里,回首历史,我仿佛听到了山间回荡的声声驼铃,看到了大漠飘飞的袅袅孤烟。这一切,让我感到十分亲切。"①可见,沙漠这一符号已经成为国人心中对丝绸之路共同的印记。在丝路题材影像作品中继续沿用这一符号,能够持续强化观众心中的丝路印象,也能在表意过程中避免陌生元素造成观众的误读。已有明确指向的场景符号,也能在一定程度上支撑起整个丝路影像的叙事环境,让观众的思绪不会飘离既定的框架。

除了诸如沙漠这类已经约定俗成的场景外,丝路影像的创作者们还选取了另外一些极具代表性的场景进行丝路意义的阐述。在海上丝路的影像作品中,海上丝路沿线各国风格多样的场景符号,串联起了海上丝路的航行路线,也呈现出多元化的海洋文明景象。《穿越海上丝绸之路》之《寻路》一集中马来西亚汉文化中心主席吴恒璨②跟随唐代高僧义净法师西行的足迹,寻访了广州光孝寺、华林寺、南海神庙以及斯里兰卡佛牙寺等,以求证义净法师所记录的关于马来西亚最早的文字记录。影像画面向观众们展示了义净法师海上西行途经的这些同为佛教圣地却又风格各异的古寺庙,通过这些古寺庙唤醒了中国与海上丝路沿线国家共通的历史记忆。《海上丝绸之路》之《融合共生》一集向观众展示了泉州异彩纷呈的建筑风貌,佛教寺庙、伊斯兰清真寺、基督教堂等古老宗教建筑在这里留存,不同的文化在这里交汇,形成世界人民共通的历史印记。在这些建筑空间里,不同民族、不同信仰交融汇聚。观众可以想见许多年前这些场景空间里客似云来、络绎不绝的情形,自然也就能在心底滋生出"文明交融共生"的感受。《海上丝绸之路》之《穿越海陆》一集中,出现了马来西亚马六甲城郊为纪念郑和而建的"宝山亭",以及印度卡利卡特的一座中国商人和印度商人进行丝绸交易的雕像,这些具有中国元素的场景都在向观众强调,海上丝绸之路的历史不是独属于中国的历史,而是丝路沿线各国共同的历史。

除了真实存在的场景符号,还有通过历史搬演重新还原的场景符号。在演绎过去的丝路历史的时候,真实的影像资料是匮乏的,而文献资料在影像中表

---

① 弘扬人民友谊共创美好未来:在纳扎尔巴耶夫大学的演讲[EB/OL]. (2013-09-07)[2022-06-05]. https://www. xuexi. cn/fc2a4c41c07974846bf14fc10be5b6ea/e43e220633a65f9b6d8b53712cba9caa. html.

② 亦有报道写为"吴恒灿"。——编者注

现性又比较局限,因此通过场景还原,让观众看到原本的人文风貌,也让剧情更有代入感和吸引力。纪录片《河西走廊》中的大部分画面环境均是历史场景的塑造,如汉武帝在甘泉宫派遣张骞出使西域,郭瑀在石窟洞中传道教学,置啬夫在悬泉置里忙碌地工作……诸多场景都是还原当时人们的生活状态和生存环境。真实的历史生存环境的还原,激发了观众的文化记忆,进而使其对过去的历史产生认同感,并在接受历史文化熏陶后与之产生情感的共鸣。

丝绸之路的影像叙事离不开地域符号的支撑。地域符号既包括具有地缘特征的地理环境,也包括内蕴着当地历史文化的场景空间。地域符号可能是观众脑海里约定俗成的文化记忆,也可能是在特定语境中建构起来的专门印记。地域符号展现了丝绸之路沿线国家与地区不同的历史传承、民族文化、审美情趣和价值取向,能让观众置身于创作者所建构的叙事环境中,使观众真正意义上理解并接受影像所传达的内容,进而产生情感共鸣和价值认同。

二、人物符号:见证历史,活在当下

文化是相对于经济、政治而言的人类全部精神活动及其产物。文化的主体是人,人是文化的创造者、承载者、表达者、传承者。在体现文化内涵的影像表达中,人物则是不可或缺的符号。尤其是在丝绸之路的影像叙事中,如果不建立起人物符号,所有的表达就都是空洞的。

丝绸之路走过了两千年的漫长岁月,蕴含着非常丰富的故事题材。从古至今,中国始终以一颗对话交流、共同发展的心与其他国家和民族相处,张骞、玄奘、法显、郑和等等,都是中国对外交流历史上浓墨重彩的人物。除了他们之外,丝绸之路上还有一些传承丝路文化和精神的后来者。他们或许不曾名留青史,但也曾在丝绸之路上留下过自己的足迹。形形色色的人物串联起丝绸之路上形形色色的故事,又通过这些故事的讲述呈现出丝绸之路在不同时期的发展态势。

现有丝绸之路作品中的人物符号主要分为两类,一类是在丝绸之路历史中有过重大贡献的著名人物,另一类是新丝绸之路沿线地区生活的普通人。影视作品通过提取这两类人物的特征,不仅帮助观众了解了丝绸之路上重大的历史

事件,也向观众展示了当下丝路文化传承和发扬的现状。透过影像中的人物符号,观众能了解到古往今来中华民族为东西方经济文化交流所经历的种种艰辛,从而激发观众的民族自豪感,增强文化自信。

人物形象的呈现往往需要通过故事叙述来完成,也就是说要通过人物行动来推进。纪录片《河西走廊》中撷取了在丝绸之路发展史上起到关键推动作用的历史人物,再现了自张骞第一次走进西域至新中国成立后重启丝路的历史,向观众展示了丝绸之路几经繁荣与衰败的漫长历程。片中人物众多,各有特色,如出使西域的张骞,睿智果敢的汉武帝,抵御匈奴的霍去病,联合西域对抗匈奴的常惠,为汉朝呕心沥血的解忧公主,发扬儒学的河西儒学大家郭荷、郭瑀、刘昞,为佛教文化传扬做出卓越贡献的高僧鸠摩罗什、昙无谶,历尽艰难探索陆上通道的鄂本笃,被流放关外的林则徐,等等。《河西走廊》第一集《使者》中,讲述了张骞受汉武帝刘彻之命出使西域寻找月氏部落,说服其与汉朝联手对抗匈奴的故事。张骞的出使,开启了中原地区向西探索、拓展的交流之路。在磨难和挫折中一直没有忘记自己出行使命的张骞,于 13 年后带着他跌宕起伏的出使经历回到了汉帝国,并向汉武帝和众朝臣详细汇报了西域丰富的物产、奇异的风俗、壮丽的山川地貌等,极大拓宽了汉帝国的政治视野,为未来对抗匈奴打下了军事基础。个人命运与时代命运相连,通过对张骞这个人物的详细展现,观众们不仅了解到张骞出使西域的传奇经历,也对史书上记载的“凿空西域”的概念也有了更加详尽的认知。《河西走廊》第三集《驿站》,以三朝元老常惠率领使团出使乌孙为引,讲述了他充满传奇色彩的一生。常惠年轻时曾与苏武一同出使匈奴,并被匈奴扣押 19 年。常惠多次出使西域,并率汉军与乌孙军联合击败匈奴,最终团结乌孙、莎车、疏勒、龟兹,结成抗击匈奴的同盟。片中通过对常惠六次出使西域经历的讲述,彰显了他为汉帝国在西域主权统治做出的卓越贡献,让观众们看到汉帝国逐步统治西域各属国后,人民在河西走廊繁衍生息的状态,同时也展现了丝绸之路因为经济贸易往来频繁而日益繁荣的景象。《河西走廊》第四集《根脉》则选取了郭荷、郭瑀、刘昞一脉河西儒学大家的故事,还原了河西儒学文化的发展历程。郭荷因中原战乱遂向偏远安宁的凉州迁徙,是一个潜心修学的儒学世家弟子;郭瑀继承郭荷衣钵,开馆收徒,广传儒学;刘昞师从郭瑀,即便身处乱世,仍潜心著述教学。影片通过对郭荷、郭瑀、刘昞三代师徒儒学传承经历的介绍,将群雄逐鹿背景中河西学者的处境以及儒学在河西地区扎根、发展的历程清晰地铺陈在观众眼前。郭荷师徒三代人,不仅是五凉时期河西走廊百年更迭历程的见证者,在他们身上更闪耀着坚守儒学文化净土、传承儒家文化使命的光辉。《河西走廊》第九集《苍生》,讲述了元朝以后第一个有记载的,经陆路到达中国的欧洲人鄂本笃。他历经艰难险阻经由西域到达河西走廊,终于证实马可波罗所述的"契丹"便是中国。而他受"朝贡制度"限制无法由河西走廊到达明王朝首都北京的经历,也侧面向观众证实了明王朝僵化消极的外交制度。他以他的冒险旅程证实了 17 世纪初的陆上丝绸之路依然存在,但也见证了陆上丝绸之路逐渐凋敝的历史。《河西走廊》中呈现的这些人物,涉及政治、经济、军事、文化、外交等各个领域,丝绸之路丰富的历史文化就在对这些人物经历的讲述中娓娓道来。

电视剧《郑和下西洋》,通过郑和海上航行的传奇经历,塑造了郑和这个为海上丝绸之路的开拓做出了重大贡献的历史人物。郑和是海上丝绸之路最鲜明的人物符号。郑和到东南亚各国进行贸易往来时,对别国不同的风土人情和风俗习惯所表现出来的接纳与尊重的态度,赢得了别国的充分信任。他带着中国人民勇敢探索,开拓进取;他用开放包容的心态、和平发展的理念,开拓出一条伟大的海上丝路,再次连通了中国与世界。从微观上说,开拓进取,开放包容,这是中国人民的精神品质;从宏观上来说,这也是中国结交邦国的精神理念。所以说,海上丝路的精神内核是"东西方之间通过海洋融合、交流和对话之路"①。而《郑和下西洋》通过故事化的叙述,借助郑和这一人物生动诠释了海丝精神的内核。

丝绸之路是个活文化,它的发展是持续的、不断更新的。为推动丝路文化发展做出贡献的不仅那些年代久远的历史人物,还有当代值得被载入史册的领导人物。纪录片《一带一路》,用真实的影像记录了推行"一带一路"倡议过程

① 杨国桢,王鹏举.中国传统海洋文明与海上丝绸之路的内涵[J].厦门大学学报(哲学社会科学版),2015(4):26.

中的重要人物。去往纳扎尔巴耶夫大学发表演讲的中国国家主席习近平,第一次提出了共同建设"丝绸之路经济带"的重要倡议,这一倡议对丝绸之路在当代的发展有着重要的推动意义。其他国家的领导人对这一倡议的支持与响应,也表明了他们跟随时代步伐积极向未来迈进的意愿。白俄罗斯总统卢卡申科、阿尔及利亚总理塞拉勒、美国前国务卿基辛格、法国前总理拉法兰、意大利前总理罗马诺·普罗迪、联合国教科文组织总干事博科娃、国际可再生能源署总干事阿德南·阿明等人,均对"一带一路"倡议做出了积极回应。这些人物,都是各自领域的权威,他们的态度表示了他们国家或所在组织对"一带一路"倡议的充分认可。这也让观众们更加真切地感受到,丝绸之路不是某一个国家的历史,而是丝路沿线各国共同的文化记忆;发展丝绸之路不是某一个国家的艰巨任务,而是世界各国一起被赋予的时代使命。

除了对历史人物符号的展现,丝绸之路题材影片也深入挖掘了当代丝路沿线依然在传承丝路文化的平凡人物。在影片的创作过程中,将目光投向更能给观众带来情感共鸣的普通人,选取具有代表性的故事来塑造人物,能够充分表现出丝路文化在平凡生活中的留存和延续,使之成为一种表现丝路文化和丝路精神的符号。《穿越海上丝绸之路》之《脉缕》一集中,讲述了著名粤剧表演艺术家欧凯明教其徒弟葛锐娟学习粤剧的过程,师傅对徒弟的严厉教诲,以及徒弟一遍遍汗流浃背地练习,表现出一位粤剧表演艺术家对艺术的严格要求,一名粤剧传承人吃苦耐劳、坚忍不拔的坚强意志。观众们由此可以看到,戏曲文化流传千年而艺脉不息。而《原乡》一集中讲述了新加坡南苑茶庄继承人魏荣南受祖父影响回国建设自己家乡安溪的故事。魏荣南含泪回忆祖父情系家乡父老、希望落叶归根的愿望,同时他也受启发回到了这片祖父牵念的土地,在安溪扎根,立志做世界上最清洁的生态茶。心系故里的游子让观众看到不断传承的茶文化,也看到了一腔热诚的赤子情怀。《海上丝绸之路》之《货通万国》一集讲述了在泰国泰中罗勇工业园的中国光纤工程师陆利华与泰国技术人员李国清、辣未湾共同完成420公里光纤生产的故事。陆利华是李国清和辣未湾的师傅。在陆利华的指导下,两位年轻技术人员的水平有了明显提升。在三人的通力合作之下,光纤最终得以顺利进入生产阶段。陆利华身上所展现出来的不仅是人与人之间互相帮助的仁爱友善之情,他对泰国技术人员的帮助更象征着中国人民与海丝沿线各国人民互帮互助、协同发展的精神。而在《穿越海陆》一集中,郑和下西洋所携带的国书上写道:"天之所覆,地之所载,一视同仁,不能众欺寡,强凌弱。"这正是《穿越海上丝绸之路》通过众多人物故事所传递的一脉相承的丝路精神理念。纪录片通过这些人物符号,成功地对海上丝绸之路精神进行了全方位的展示。这些时代人物符号穿插在影片中,让观众看到不断发展繁荣的当代丝路文化,也因此增加了民族自豪感和文化认同感。

丝路题材影视作品通过塑造生动传神的人物符号,以潜移默化的方式向观众展示了丝路文化的历史和精神。在史实呈现与合理构想中,观众们看到更加真实而有温度的历史,从心理上拉近了与遥远历史的距离。而平凡人物的牵引,也向观众展示了更加立体的当代丝路文化。正是这些人物符号的塑造,才让观众对于过往的历史文化有了更为深刻的记忆,对当下丝绸之路上人民的生活状态也有了更为直观的认知。

三、器物符号:经典不朽,文明永恒

丝绸之路是一条货通万国的贸易之路,有贸易必然有商品货物的往来。而这些商品货物身上附载的是丝路贸易沿线各国的特色文化。从中国卖出去的丝绸、瓷器、茶叶、刺绣、药材、佛像等,不仅仅是贸易商品,也作为中国的文化符号被传到沿线各国。器物符号不仅能够作为展现历史文化的元素,也能成为表意的载体。在丝绸之路题材影像作品中,这些器物符号经常被当作叙事对象,承载着中国传统文化表意的任务。伴随着这些器物的传递,中国文化传播到西方,并在双方频繁的贸易来往中与西方文化不断交融、更新。

《一带一路》第一集《共同命运》中,西班牙手工造纸技艺传人桑托斯用传统的方法造出纸张。而作为中国四大发明之一的造纸术,正是经由丝绸之路传至欧洲的。片中虽然只是浅浅带过并未深入讲述,却已足以勾勒出古丝绸之路上中西文化在交融中发展的样态。第四集《财富通途》中,美国华盛顿国家美术馆中珍藏着一幅意大利画家乔凡尼·贝利尼的画作《诸神的盛宴》,而在画作所描绘的盛宴中,使用的都是中国的青花瓷器。通过画作,我们回溯了明朝通过海

上丝绸之路出口青花瓷器至世界各地的历史,文化的交融在一幅画作中显露无遗。这一集中另外还选取了西红柿和葡萄这两种符号,讲述其在现代跨国交易中的状态。西红柿本是南美洲特产,经由古丝绸之路来到中国,并在新疆找到了它最宜生长的环境。现如今,新疆的西红柿又通过跨国贸易成为俄罗斯人民和哈萨克斯坦人民的盘中餐。葡萄也是经由古丝绸之路引进的西方品种,现如今,中国商人依旧在此进行着葡萄酒的交易。这里的西红柿和葡萄,一方面暗指古丝绸之路上中西方原始的贸易往来,一方面又实指"一带一路"倡议为国际贸易和世界人民生活所带来的积极变化。第五集《金融互联》中,从朝鲜半岛海域发现的一艘古沉船里发掘出海量古铜钱,共计 800 万枚,28 吨重。经考古发现,这艘商船的目的地是日本。从学者口中得知,日本在当时并未发行本国货币,而是使用中国铜钱进行经济行为。古铜钱作为影像符号,印证着昔日东亚海洋贸易的盛况,见证了一个以铜钱为中心的国际经济体系的形成。古铜钱在这里不只是代表货币,它的跨境流通,贯穿着国家、地域之间的交往历史。

在海上丝绸之路题材的影片中,同样也运用了大量的器物符号来展现各国交融的丝路文化。除了瓷器、丝绸、茶叶这些具有典型意义的符号之外,还有中国的服饰、食物、皮影、药材、佛像、香料、饮食等等,都一一向观众诠释着丝路文化的奥义。《穿越海上丝绸之路》之《连枝》中,中国丈夫何伟与美国妻子黛比在他们美国的家中制作包子,而来自斯里兰卡的阿努拉则与中国妻子潘霞在中国制作咖喱鸡。在这里,包子和咖喱鸡所呈现的,是民族文化正通过跨越国际的交流在异国传播、融合。《穿越海上丝绸之路》之《家承》,讲述了中国陶瓷在外销过程中不断演化的过程。从麦森仿德化罗汉陶瓷和中国罗汉陶瓷的对比中可以看出,中国罗汉圆润的线条以及和颜悦色的表情是中国和平友好的象征,而国外罗汉锋利的线条以及龇牙大笑的欧洲人面孔则代表了西方人的精神面貌。从两种瓷器的对比中还可以看到中国文化对世界的影响,以及中国文化不断被各国本土化的过程。

《海上丝绸之路》第一集《穿越海陆》中提到,在马来西亚马六甲城中的一条河流打捞起许多铜钱以及瓷器的碎片,这些物件展现了丝绸之路历史上文化交流的过往,也体现出新丝绸之路上文化互鉴的理念。第二集《物华天宝》中呈现了大量丝绸之路物产——中国的茶叶、泰国的大米、缅甸的缅甸蟹，通过这些器物符号来展现丝绸之路上农作物流通的历史以及当代农业贸易的现状。人类农业文明的绚丽画卷通过这些农作物贸易展现出来，正积极影响着世界人民的生活。第三集《货通万国》中，选取了中国盛名在外的丝制工艺品宋锦作为承载叙事任务的符号。这一集讲述了宋锦兴衰的历史：从被欧洲贵族奉为高端奢侈品的盛极一时，到经历化纤行业冲击后的逐渐衰落，再到亚太经合组织领导人着宋锦新中装合影的高光时刻。宋锦重新登上世界舞台，意味着丝绸工艺的复兴，意味着丝绸之路的复兴，也意味着中国传统文化的经久不衰、历久弥新。第四集《智慧之光》中，指南针曾是航海技术划时代的变革，极大促进了海上丝绸之路的繁荣。本集选取指南针作为科技发展象征，引出在现代社会方兴未艾的高科技，如中国的北斗导航、风能发电、海洋保护、4G 通信技术等，也正在通过"一带一路"惠及丝路沿线国家。以指南针为代表的科技器物，象征着丝路文化对各国经济社会发展的大力推动，也象征着海上丝绸之路是一条世界各国人民的合作共赢之路。

器物符号通常是丝路题材影像作品中不可或缺的表意元素。器物符号因其流动性和变化性，能够更全面地展现流动着的丝绸之路的发展状态。器物的千年流转与传承，见证了丝绸之路久经沧桑的历程，见证了沿线各国在时代环境中的巨大飞跃，更见证了各国文明在交流碰撞中的融合与互鉴。丝绸之路题材影视作品正是通过器物的传达，呈现不朽的经典，以及永恒的文明。

第二节　丝路精神的价值表达

丝路精神包含甚广，不仅有以张骞、郑和等丝路开拓者为代表的勇于探索、敢于冒险的精神，还有中华民族自古以来吃苦耐劳、潜心钻研的精神，也有丝路沿线各国在交流相处过程中体现出来的热爱和平、睦邻友好、接纳包容的精神，还有在丝路贸易往来中所遵循的讲信用、重操守、尚礼仪的精神。可以说，丝路精神涵盖价值理念、人文追求的方方面面。

自"一带一路"倡议提出以来,古丝路精神又被赋予了新的时代含义。2017年 5 月 14 日,习近平主席在"一带一路"国际合作高峰论坛开幕式上的演讲中指出:"古丝绸之路绵亘万里,延续千年,积淀了以和平合作、开放包容、互学互鉴、互利共赢为核心的丝路精神。这是人类文明的宝贵遗产。"①作为人类社会的交往平台,不同民族、不同种族在这里汇聚,不同宗教、不同文化在这里融合,最终形成了和平合作、开放包容、互学互鉴、互利共赢的丝路精神。和平合作、开放包容、互学互鉴、互利共赢,是现代国际社会交往的基本准则,也是塑造国际政治经济新秩序的必然要求。在丝绸之路题材影像作品中,丝路精神的体现无处不在。也可以说,展现丝路文化、表达丝路精神,是丝路题材创作的题中应有之义。

在霍尔的编码、解码理论中,编码者需要对原本的信息进行编码的处理,从而达到相应的传播诉求和效果。在影像传播视域下的丝路影像内涵表达,也存在编码的过程,这个编码的过程表现为对已有的影像素材进行有意义的编排,从而使之统一为表意服务。因此表意才是符号建构的最终目的。在丝绸之路影像作品中,创作者通过历史价值、政治价值、人文价值、艺术价值等价值概念进行表意,以达到展现丝路文化、传递丝路精神的目的。

一、历史价值:还原丝路精神脉络

丝绸之路是一条源远流长的古老商道,经历过几千年繁荣与凋敝的丝绸之路上无数次上演着历史中的经典场面。如若摒弃历史,仅凭当代丝路现状是无法完整呈现丝绸之路的,更遑论表达抽象的丝路精神。在现有丝路题材的影像作品中,丝路精神的表达多从丝路历史出发,展现丝路文化缘起与脉络,进而从中提炼时代人物精神。影像的特点是必须言之有物,空洞的说教势必无法支撑起影像作品的框架,因而丝路精神的表达,也必须立足于历史文化与历史人物。以艺术化的手法还原历史人物,唤醒观众心底封存的文化记忆,重新感悟丝路

---

① 携手推进"一带一路"建设:在"一带一路"国际合作高峰论坛开幕式上的演讲[EB/OL].(2017-05-14)[2022-06-05]. https://www.xuexi.cn/01ff124b218bc9f10c587862e373fa9a/e43e220633a65f9b6d8b53712cba9caa.html.

沿线的人文精神,通过这样的方式可以摆脱传统影像平铺直叙、枯燥乏味的既定印象,也是调动观众兴趣、表达人文情感的一种重要方式。除了对历史的深挖,与现代的链接也必不可少。将丝路精神投射到当代不同社会层面上,在古今之间通过同一种话语建立连接,起到呼应与强化的作用,使观众能够更好地理解丝路精神所蕴含的时代含义。因此,串联古今的方式可以帮助观众探寻丝路精神的脉络,产生文化认同感及情感共鸣,更进一步接受和内化丝路精神。

对于已经发生在过去的历史,我们无法再进行真实的跟拍。除了口述、文字书籍、影像资料,我们对过去的事件一无所知。在丝路题材影像作品中,历史搬演是最常用的还原历史的手法。历史搬演即结合文献资料和史书记载,在真实的基础上,对历史场景和历史人物进行合理建构,采取真人扮演的方式,临摹当时的历史生活场景和历史人物风貌,将历史的古老和厚重质感重现给观众的叙事手法。这种介于虚实之间的影像叙事手段,不仅能够化抽象的历史为具象的事件,也能够化模糊的历史人物为有辨识度的形象。纪录片《河西走廊》便是主要依托这一叙事手段,向观众展现了这段绵延漫长的丝路历史和历久弥新的丝路精神。张骞在甘泉宫接受汉武帝授命出使西域的场景,张骞被俘虏与在匈奴部落的场景,张骞出逃并历经艰辛穿越沙漠的场景,让观众看到一个立体的历史人物形象。它唤醒了观众所有尘封在课本里的片段记忆,将之逐渐丰满,最终看到一个有血有肉、有情感有精神的人。该影片将历史搬演的方式贯彻始终,让观众有观看故事片和影视剧的充实感,潜移默化地将中华民族自古以来热爱祖国,开拓创新,勤劳勇敢、包容接纳的民族精神根植于观众的思想里,同时也表达了和平发展、对话交流才是世界永恒主题的概念。

丝绸之路题材影像作品大多离不开对历史的回望,只有回归历史,我们才能找到丝绸之路的精神之根。而当理清丝路精神的脉络后,我们同样需要站在时代的这一端,对古老的丝绸之路发出回应。时代面貌的展现,是回望丝路历史后的答案。在丝绸之路影像作品中,我们看到了许多古代与现代的对比与联系。历史告诉我们,发展丝绸之路,保持开放包容、交流合作的外交理念,才是世界共同繁荣发展之道。而当代传承古丝路精神的"一带一路"倡议,又更进一步印证了这一理念。丝路题材影像作品对当代"一带一路"建设成果有许多具体的展现。比如国家层面——中国对中亚各国高铁建设提供的帮助,推动其他国家实现交通的便利,积极影响其他国家发展。比如团体组织层面——中国实现边境口岸跨境贸易的便利性,保证了双边边境的生活便利和经济发展,使人民生活品质有了进一步的提升。比如个人层面——开放合作、互利共赢的理念,以及对丝路贸易的提倡,让很多人得到实在的便利,有力改善了个人的生活现状。这些不同层面的事例展现,进一步印证了丝路精神在当代的适用性。立足当下,更需要通过回望历史,从历史中获取智慧、经验和力量。历史与当代的呼应和回响,不仅能够体现出丝路精神历史传承的厚度,也能够体现出丝路精神历久弥新的活力,从而使观众不断认同丝路精神,不断内化丝路精神,将丝路精神一直传承、延续下去。

二、政治价值:放眼世界,扩大丝路精神格局

丝绸之路不仅是中国的历史,更是沿线各国共同写就的一部世界历史。从这个角度来看,仅仅讲述中国部分的故事是没有意义的。丝绸之路的精神内核是构建世界命运共同体,协同发展。如果只讲述中国自己的故事,那将变成国人的自娱自乐。开启世界视角,将丝路沿线各国与中国串联,才能真正体现丝路精神的格局。陆上丝路沿线的哈萨克斯坦、伊朗、印度、土耳其、西班牙,海上丝路沿线的新加坡、马来西亚、老挝、泰国等国家,都是与我国有着丝路渊源的国度。要通过跨国界跨文化的视角,将丝路精神放在更广阔的空间里来进行表达,使丝路精神更具国际形态和政治意义。同时,跨文化的视角也佐证了丝路精神内核的正确性,对丝路精神的跨文化传播也具有一定的推动作用。

在丝路题材影像作品中,跨文化视角基本贯穿其中,并在《一带一路》《丝路·重新开始的旅程》《穿越海上丝绸之路》《海上丝绸之路》等作品中表现得尤为突出。

丝绸之路影像文本的世界视角主要从以下两个方面出发。一方面是从历史层面出发,探寻古老丝路上的外交战略、经济文化交流的诸般举措,以此体现开凿丝绸之路的历史意义、丝路商品流通对各国经济繁荣的推动以及宗教信仰与政权演变的关系。商品的流通主要体现在物产的贸易方面,比如历史悠久的

瓷器、丝绸、马匹、茶叶、中药、香料等等，它们来往于中西方的历史，见证了丝绸之路在空间跨度上的繁荣。经济基础决定上层建筑，正是中原地区的经济繁荣，奠定了唐都西安"万国来朝"的世界政治经济中心地位。宗教信仰的演变主要体现在佛教文化自西向东的发展，它与地域文化相结合衍生出不同的形态，且在东方经历历史沉淀后又不断将佛教文化反哺西方，并成为统治者维护政权稳定的思想工具。另一方面是从世界经济发展、国际社会发展的角度出发，全方位展现"一带一路"建设所带来的显著成果，以此来表现丝路精神的时代意义。从国家层面看，中国与沿线国家在交通、科技、工业、金融、建设等方面展开互利合作，体现了在世界全时域条件下中国与丝路沿线各国对于丝路精神的贯彻实施。例如在《一带一路》之《互通之路》一集中，依托自身在基础设施领域强大的建造实力，中国通过与"一带一路"沿线国家互利合作，相继参与铁路、公路、港口、油气管道、电力线路的建设，促进了"一带一路"倡议与沿线国家发展战略的相互衔接。伴随着道路联通、管道联通、电网联通、电缆联通，人们正在以各种现实的成果，建造起互联互通的前景。从个人层面，例如跨国家庭的组建、海外游子的寻根、跨国经商的中国人，主要选取了跨越国界生活的人物故事，来展现世界视角下丝绸之路交融共生的精神理念。《穿越海上丝绸之路》之《连枝》一集，就向观众展示了异国家庭的生活，从跨国通婚的角度观察海上丝路族群之间的互动与融合，展示海上丝路与中华文明开放包容的精神内涵。影像文本以一种人文关怀的方式去剖析丝绸之路在世界上的影响力，将丝绸之路所蕴含的融合共生的概念潜移默化地呈现于观众面前。

三、人文价值：平凡视角，勾勒丝路精神群像

古丝绸之路是一个极其庞大的命题，它囊括了几千年漫漫丝路所沉淀的文化，以及当代正在继续发扬和传承的丝路精神。这样一个具有深远内涵的命题，如何通过影像作品去拆解和阐释，是创作者所面临难题。按照以往纪录片的传统，史据可考的文献资料和精心推敲的解说旁白，是展现丝绸之路文化精神的最佳组合。但是对于不断提升观看需求的受众来说，这样的要求已经远远不够了。过分专注于传达创作者意图和立场的影像作品，势必无法走进受众的

内心世界,真正得到受众的喜爱,而影像作品所携带的内容也无法顺利传达给观众。在《舌尖上的中国》《我在故宫修文物》这类现象级纪录片受到观众喜爱之后,创作者开始思考和转换思路,企图从受众角度出发,创作出观众喜欢的影像作品。而从宏大叙事转向平民视角,即是其中一个巨大的转变。这种转变在丝绸之路题材影像作品中体现得较为明显。平民视角即是从平凡人物的角度出发进行叙事,将厚重的命题进行个性化编排,从而摆脱说教的姿态。通俗地讲,即内容更"接地气"。平民叙事在丝路题材影像作品中主要体现为对个体的关注,对当下人民现实生活的关注。

"中华人民共和国成立以来,我国纪录片创作的一个突出特征就是宏大叙事。"[①]具体表现为,纪录片选题往往采用宏大叙事策略,站在国家、民族的高度把握主题,风格上追求大气磅礴、恢宏豪迈,主题选择均以大事件、大人物、大跨度为特征,一般都具有大的时间和空间跨越。纪录片创作多为官方背景出品,承担国家意识形态表现功能。在宏大叙事的大制作背后,中国纪录片创作一直缺乏对个体命运与生存状态的关注与反省,缺乏对人的心灵和思想境遇的关注,因而也缺乏角逐国际市场的竞争力。自"一带一路"倡议提出以来,丝路题材的影像作品创作便一改先前的宏大叙事传统,将家国文化与个体相连,走向个体,关怀个体,人的形象也在丝路题材影像作品中逐渐清晰起来。

《河西走廊》这部编年体的纪录片,很好地把握住了观众对于历史人物的好奇心,以人物作为切入点非常细致地讲述丝绸之路上的时代风云。张骞并不是天生无畏,他十数年的俘虏生活或许因为有了未曾在史书上详细记载的匈奴妻子的陪伴才能坚持下来;被派遣和亲的解忧公主独在异乡,忍辱负重,却仍然辛苦筹谋,坚守汉帝国与西域乌孙部落的盟约;林则徐不仅有虎门销烟的伟大事迹,在被流放关外时也有抑郁不得志的踌躇。正是因为个人情感侧面的展示,才将这些历史人物塑造得更加立体。这些细节让观众看到英雄也不是生来就是英雄,他们也有普通人共通的情感。正是这些看起来并不光亮的一面,更凸

---

① 刘蒙之,刘战伟.新时期我国纪录片创作由"宏大叙事"到"平民视角"的嬗变:从纪录片《我在故宫修文物》谈起[J].电视研究,2016(11):62.

显出他们在家国大事面前的伟大,也因此拉近了与观众之间的情感距离,使观众能够更好地认同和接受这些人物在生活中平凡普通的情感。

走向个体也体现在关注现实中的人,关注生活中的人,坚守人本意识、百姓意识。2014年10月,习近平总书记在文艺工作座谈会的重要讲话中,明确了好作品产生的诀窍。在价值观上,他指出,需要坚持以人民为中心的创作导向,"人民不是抽象的符号,而是一个一个具体的人,有血有肉,有情感,有爱恨,有梦想,也有内心的冲突和挣扎"①。以人为旨归,细腻把握这种情感,正是新时期纪录片佳作的立身之所。关注当代普通人物是丝路题材影像作品平民视角的另一个体现。丝路题材影片聚焦了丝路沿线人民生活,把他们依然在传承的丝路精神通过生活日常展现出来,也用他们真实的故事,将"一带一路"带给人们生活的积极影响直观地展现在观众眼前。《海上丝绸之路》中自愿成为六胜塔义务管理员,坚持日复一日前来打扫的退休老人郭义禁,让人们看到了海上丝绸之路沿线人民锲而不舍的精神。《丝路·重新开始的旅程》中在意大利做服装生意的金小青,通过小商品生意维持生意的东干人,他们都是生活中的普通人,也都是"一带一路"倡议的践行者和受益者。讲述普通人物的普通生活,避免了假大空的叙事套路,也能够以点带面地向观众展示渗透到普通生活里的丝路精神。丝路题材影像作品通过展示一些普通人的生活,让观众切实感受到丝绸之路对人们生活的影响,并以个体想象群体,勾勒出"一带一路"倡议施行以后丝路沿线地区人民的整体生活面貌。

四、艺术价值:隐喻象征,刻画丝路精神侧影

美国符号学的创始人皮尔斯将符号分为三种类型:图像符号、标志符号及象征符号,其中象征符号的运用和研究更为深入。象征符号在符号形体与符号对象间不存在形态上的相似性和因果间的必然关系,具有自由性和随意性。象征符号不仅能表现一定的思想观念、内在意义,还能隐喻地表达情感特征及文

---

① 习近平在文艺工作座谈会上的讲话[EB/OL].(2014-10-15)[2022-06-14].https://www.xuexi.cn/126644f285070a1e38f3e1b7b1ec818c/e43e220633a65f9b6d8b53712cba9caa.html.

化属性等较为特殊的事物。象征符号的运用，更是影像艺术手法的体现。丝绸之路题材影像作品中大量使用了象征手法，通过具象的能指传达出影像作品本身所要表达的意义。

《丝路·重新开始的旅程》第一集《远方不熄灭的梦想》，讲述了作为昭苏马场种畜改良场场主、赛马队队长的乔春江全力准备参加赛马的故事。昭苏曾经有中国最大的马场，如今马匹依然是这里最重要的物产。乔春江企图通过参加赛马恢复这里曾经有过的辉煌。这一段赛马的故事贯穿影片始终，从乔春江决定走出去参赛，到日常学习训练，以及最终参与比赛，表现了丝路人民是如何走出去、开拓新道路的。马是古丝绸之路上重要的交通工具，也是丝绸之路上开拓进取精神的象征。对马的追求体现了中华民族勇于挑战、勇敢向前的精神追求，而这一意象的表达正与丝绸之路倡导的复兴理念不谋而合。《穿越海上丝绸之路》之《问道》中，讲述了中国中医名家樊正伦与来自海上丝绸之路沿线国家的几位弟子的故事，其中还包含了一位英国中医在英国按照古法问诊、炮制中药材的经历。影像向观众展示的木槿、枇杷、广藿香、金银花等中药材，是中国古老医术的代表，阐述了中国自古以来药食同源的医学理念。同时，乳香、没药、丁香、肉豆蔻等外来药材，也展现了中药在发展中逐渐扩大的现实，故而才能发展成为一门包容各国草药材的中医药学。这一发展得益于海上丝绸之路繁荣的贸易往来。影像借中药这一具象之物，艺术地向观众展现了中国文化自古以来的开放性与包容性。

纪录片《一带一路》第一集《共同命运》中，提到了阿曼苏尔港手工造船的故事、西班牙昆卡手工造纸传承人桑托斯的故事以及中国丝绸制造的故事。船是海上丝绸之路的重要符号，造纸是中国传统技艺的重要符号，丝绸更是丝绸之路得以命名的重要符号。这些符号背后，是丝绸之路开放包容、文化互鉴的历史。这些象征符号能将观众的文化记忆有效激活，将隐藏在符号背后的文化记忆与当代故事相结合，虽然没有直说丝绸之路，却处处直指丝绸之路。在《丝路·重新开始的旅程》第三集《驿站：接续的道路》中，威尼斯商人菲利普来上海寻求商机，而威尼斯在丝绸之路上的历史记忆正是马可·波罗的故居。此处选取威尼斯这个地方以及这位现代威尼斯商人的故事，其实是在以菲利普从威尼斯来上海的故事隐喻七百年前马可·波罗出发去游历东方的故事。尽管时间间隔了数百年，但两个威尼斯人出于同样的对未知世界的好奇心，开启了自己的丝绸之旅。作为具体地点的威尼斯和上海，在这里被隐喻为西方和中国，而菲利普来到上海也被视为马可·波罗故事的延续。于是，古代与现代重叠，中国与西方再次连接，人们的历史记忆一道被唤醒。

丝绸之路题材影像作品通过符号象征，将不在场的历史化为在场，使观众在理解影像文本的时候，不会偏离丝绸之路的框架。在价值认同和文化认同之下，蕴藏的丝路精神被解读出来，实现创作者表述丝路故事、沟通沿线情感、传播精神文化的最终目的。丝路题材影像作品，通过符号的隐喻艺术讲述古丝路和新丝路的故事，呈现出丝绸之路的丰厚的文化内涵。丝路影像作品中不同的象征符号，可以激活观众的文化记忆，加深对丝绸之路现实意义的理解，进而产生强烈的认同感。丝路文化指向过去、立足现在，在世界大舞台上，丝路精神永不落幕。

通过地域符号，建构叙事空间；通过人物符号，塑造文化载体；通过器物符号，激发文化记忆。符号的构建，使抽象的丝路文化有了具体的文化表征，便于观众的理解和接收。在影视作品观看过程中，不同类型的符号组合起来，共同作用于人的感官，不断交替出现的符号，会牢牢吸引观众置身于丝路文化的框架，从悠久历史到当下的时代语境，无时无刻不以符号形式体现着丝绸之路上的人文内涵。这也是丝路题材影像作品对观众具有吸引力的原因之一：在满足观众探索欲、求知欲的同时，一步步激发观众的文化认同，强化其情感投射，最终将丝路文化内化为自己的文化记忆，不断提升文化自信。

在丝路精神的价值表达方面，通过回望历史，还原丝路精神脉络，呈现丝绸之路的历史价值；通过放眼世界，扩大丝路精神格局，呈现丝绸之路的政治价值；通过平凡视角展现丝路精神群像，呈现丝绸之路的人文价值；通过隐喻象征，刻画丝路精神侧影，呈现丝绸之路的艺术价值。"和平合作、开放包容、互学互鉴、互利共赢"的丝路精神，在影像文本的价值表达中得到了较为详尽的体现。

第四章 丝绸之路影像叙事的现实困境

在市场经济的冲击下,娱乐化作品对受众观看兴趣的影响和对日常生活的渗透,使得传统文化类影视作品对大众的吸引力变得十分微小。丝绸之路题材影视作品市场竞争力较弱,受众范围狭窄,在叙事方式和手段方面也存在着与现实影视市场和当前受众审美不兼容的现象。与成熟的娱乐化节目相比,文化倾向更明显的丝绸之路影视作品要想在当前媒介环境下得到应有的展现,还有很多问题亟待面对和解决。从当前创作实践来看,丝绸之路题材影视作品存在着影像总量失衡、题材同质化、叙事浅层化、视觉呈现刻板化等问题。在当前影视产业高度娱乐化的背景下,丝绸之路题材影视作品要想突破影像叙事方面的现实困境,就必须结合影视传播特性,重新审视自身的艺术价值,优化叙事内容和叙事手法,从内容生产出发进行由内而外的转变,从而提高影视作品的市场竞争力。

第一节 影像总量失衡

影像的直观再现和生动演绎特性,使得影视作品成为丝路文化传播中不可缺少的表现形式。影像作品是一种跨文化、跨时空的媒介形态,这些作品承担着通过镜头画面诠释社会文化变迁、进行国际交流和文化传播等多种功能。丝绸之路的影像构建,并不仅仅是制作出相关题材的影视作品,其作用也不只是科普或娱乐,而是与国家层面的文化建设战略息息相关。但从目前丝绸之路影像创作的现状来看,现有作品制作方较为单一,作品产出与市场需求之间有差异。影像总量的失衡,大大限制了丝绸之路影像传播阵地的拓展。

一、爆发式增长与不平衡产出

丝绸之路题材影视创作自20世纪50年代就开始了。从丝绸之路题材影像作品的创作总量(表4-1)来看,近十年是一个创作高峰期,产出作品数量在丝路题材作品总量中所占比例达60%;其中,2013年以来首播的影像作品,在约七十年的创作总量中也超过了半数。可见,近十年间,尤其是"一带一路"倡议提出以来,丝绸之路题材影视创作出现了爆发式增长,增幅惊人。这种爆发式增长,一方面源于中国影视市场的整体繁荣,另一方面其实也从侧面体现出中国影视创作领域的跟风现象。当某种题材、某种类型甚至某种风格的作品在影视市场取得成功时,一大批同题材、同类型或同风格的作品就会蜂拥而至,使得该成功作品的生命周期迅速被消耗。比如,《鲁豫有约》大受欢迎,几十个甚至上百个访谈节目开始充斥荧幕;《亮剑》热播,各大卫视很快就出现军旅剧扎堆的现象;《潜伏》红了,于是谍战剧层出不穷;《媳妇的美好时代》创下超高收视率,一大批家长里短的剧作纷纷上马……"艺术是个特别需要创新的行业。一味地跟风与模仿只能成为他人的附庸,只能是标配产品批量生产线上的复制器,处在文化产业链条末端的模拟件,永远不能形成自己的个性和品牌。流行的东西通常是短暂的,它有自身被接受采纳、迅速推广以致很快消失的过程;而艺术欣赏恰恰也是个追逐流行、既而又喜新厌旧的心理过程,一旦时尚的风潮吹过,它们即刻成为过眼烟云,迅速被新的流行替代,甚至遭到残酷唾弃。从某种意义上说,电视制作中这种竞争性复制的策略是自毁长城。"[1]事实上,跟风创作已经是影视创作领域的通病,不是仅丝绸之路题材影视创作面临的困境。一窝蜂现象的背后,其实是功利主义心态在作祟。为了眼前的利益,一味迎合市场的喜好,看什么作品红了就依样画葫芦跟拍一个。急功近利的心态使得影视

---

① 云德.电视跟风当慎行[J].当代电视,2014(10):1.

从业者们遗失了社会责任心、丢掉了艺术标准,使影视市场复制现象、泛滥现象加剧。

表 4-1 丝路题材影视作品概览

片名	地理区域	制作方	类型	首播时间
敦煌壁画	河西走廊	中央新闻纪录电影制片厂	纪录片	1954 年
丝绸之路	长安—帕米尔—罗马	CCTV、日本 NHK	纪录片	1980 年
敦煌石窟:第45窟	河西走廊	中央新闻纪录电影制片厂	纪录片	1980 年
丝路花雨	敦煌	西安电影制片厂	舞剧电影	1982 年
古都长安	西安	中央新闻纪录电影制片厂	纪录片	1983 年
敦煌之恋	敦煌	中央新闻纪录电影制片厂	纪录片	1985 年
敦煌变文	敦煌	CCTV	纪录片	1987 年
海市蜃楼	敦煌	中国电影合作制片公司、嘉民娱乐有限公司	电影	1987 年
怒剑啸狂沙	玉门关	香港电视广播有限公司	电视剧	1991 年
敦煌夜谭	敦煌	银都机械有限公司	电影	1991 年
梦断楼兰	楼兰	中国电影合作制片公司、南京电影制片厂、香港夏帆影视工作室	电影	1991 年
阿曼尼萨罕	新疆	天山电影制片厂	电影	1993 年
丝绸之路	丝绸之路	天山电影制片厂	电影	1997 年
天脉传奇	西藏	博伟国际	电影	2002 年
张大千敦煌传奇	敦煌	广州俏佳人文化传播有限公司	电视剧	2003 年
德拉姆	西南丝路	北京数字印象文化传播有限公司、昆明大通路影视策划公司	纪录片	2004 年
茶马古道	西南丝路	西藏自治区对外文化交流协会	电视剧	2005 年

片名	地理区域	制作方	类型	首播时间
大敦煌	敦煌	CCTV 文艺中心影视部、五洲传播中心、中国国安文化传媒投资有限公司	电视剧	2005 年
月圆凉州	甘肃	兰州电影制片厂	电影	2005 年
失踪的女神	敦煌	甘肃省电视艺术家协会、甘肃敦煌影视文化中心	电影	2006 年
新丝绸之路	中国境内丝路	CCTV、日本 NHK	纪录片	2006 年
大河西流	敦煌	甘肃酒泉电视台	纪录片	2006 年
敦煌写生	敦煌	五洲传播中心、美国彩虹电视合拍	纪录片	2006 年
大唐西游记	中国境内丝路	CCTV	纪录片	2007 年
望长安	陕西西安	陕西省委宣传部、陕西省人民政府新闻办公室、陕西电视台	纪录片	2009 年
玄奘大师	敦煌	上海电影(集团)公司	纪录片	2009 年
大境门	张家口陆路商埠	北京典范文化传媒有限公司、河北环球佳艺影视有限公司、八一电影制片厂	电视剧	2009 年
郑和下西洋	海上丝绸之路	CCTV	电视剧	2009 年
人文甘肃	甘肃省内	甘肃广电	纪录片	2010 年
敦煌	河西走廊	中视传媒股份有限公司、敦煌研究院	纪录片	2010 年
敦煌·寻找失落的文明	河西走廊	长城影视公司、绍兴电视台	纪录片	2010 年
敦煌书法	敦煌	甘肃酒泉电视台	纪录片	2010 年
玄奘瓜州历险记	敦煌	甘肃酒泉电视台	纪录片	2010 年
玄奘之路	中亚、西亚六国	CCTV	纪录片	2011 年
丝路秘史	中国境内丝路	CCTV	纪录片	2011 年
下南洋	东南亚较深海域	CCTV	电视剧	2011 年

片名	地理区域	制作方	类型	首播时间
茶马古道	西南丝路	北京数字印象文化传播有限公司	纪录片	2011 年
丝路中国	丝路沿线 20 国	中国电视制片委员会、美国国际卫视（ICN）	纪录片	2012 年
丝绸之路上的美食	中国境内丝路	世界饮食类图书大奖赛组委会、中华美食数字电视卫星频道、青岛电视台	纪录片	2012 年
丝路	中国境内丝路	CCTV	纪录片	2012 年
龟兹·龟兹	新疆库车	CCTV	纪录片	2012 年
妈祖	福建东海	CCTV、北京网连八方文化传媒有限公司	电视剧	2012 年
文明甘肃	甘肃	中共甘肃省委宣传部、甘肃电视台等	纪录片	2012 年
下南洋	中国东南沿海、菲律宾、印度尼西亚、马来西亚等地	中央新闻纪录电影制片厂	纪录片	2013 年
舞乐传奇	中国—缅甸	CCTV、中共云南省委宣传部、缅甸宣传部国家影视管理局等	电视剧	2013 年
文明甘肃	甘肃省内	甘肃广电	纪录片	2013 年
敦煌伎乐天	敦煌	甘肃酒泉电视台	纪录片	2013 年
邮票上的甘肃	甘肃省内	甘肃广电	纪录片	2013 年
丝路·重新开始的旅程	中国—中亚	CCTV	纪录片	2013 年
对话龟兹	新疆	上海艺术人文频道制作、CCTV 纪录频道	纪录片	2013 年
丝绸之路万里行	丝路沿线	陕西卫视	综艺节目	2014 年

片名	地理区域	制作方	类型	首播时间
西北望崆峒	西北地区	中共平凉市委、平凉市人民政府和中央新闻纪录电影制片厂(集团)、北京新影春秋影视文化传媒有限责任公司联合摄制	纪录片	2014 年
扬帆走海丝	海丝沿线地区	东南卫视	综艺节目	2015 年
河西走廊	河西走廊	甘肃省委宣传部和 CCTV 科教频道联合出品、北京伯璟文化传播有限公司	纪录片	2015 年
对望:丝路新旅程	沿线七国	五洲传播中心、国家地理频道、新加坡 IFA 制作公司	纪录片	2015 年
丝绸之路传奇	新疆	新疆维吾尔自治区党委宣传部、北京星河圣视文化传媒有限公司	电视剧	2015 年
永恒中国·魅力甘肃	甘肃省内	甘肃省委部、法国亚欧洲际影视机构和法国电视台联合	纪录片	2016 年
海上丝绸之路	海上丝路	上海广播电视台、广东电视台、泉州广播电视台	纪录片	2016 年
一带一路	丝绸之路经济带,海上丝绸之路	央视科教频道	纪录片	2016 年
穿越海上丝绸之路	海上丝路沿线国家	中央新影集团、中国国际电视总公司、广州市委宣传部	纪录片	2016 年
大唐玄奘	丝绸之路	中国电影股份有限公司、北京环球浩翔影视文化传媒有限公司等	电影	2016 年
丝路:沙与海的交响	广东,新疆	CCTV 科教频道、中央新影集团、广东广播电视台、新疆电视台	纪录片	2016 年
天下妈祖	海丝沿线地区宫庙	海峡卫视	纪录片	2016 年

片名	地理区域	制作方	类型	首播时间
丝路印象	陕西潼关至霍尔果斯口岸	新闻出版广电总局国际合作公司、中华广播影视交流协会、宁夏新闻出版广电局等	纪录片	2016 年
共赢海上丝路	海上丝绸之路	深圳广播电影电视集团	纪录片	2016 年
中国高铁	丝绸之路中国段	中央广播电视总台	纪录片	2016 年
奇域:探秘新丝路	新丝绸之路	江苏华博在线传媒有限责任公司、深圳祖师汇科技股份有限公司等	纪录片	2016 年
唐墓壁画中的丝路风情	丝路沿线博物馆	CCTV	纪录片	2017 年
功夫瑜伽	中国—印度	北京太合娱乐文化发展股份有限公司、耀莱影视文化传媒有限公司等	电影	2017 年
丝海探源	福建四大商港	海峡卫视、福建省图书馆	纪录片	2017 年
丝路,从历史中走来	丝绸之路	中央新闻纪录电影制片厂等	纪录片	2017 年
贺兰山	宁夏	宁夏回族自治区党委宣传部、中央电视台科教频道等	纪录片	2017 年
海上丝路南珠宝宝	海上丝绸之路	广西阔迩登文化传媒有限公司	动画片	2017 年
丝绸之路经济带	丝绸之路	国家新版出版广播电影电视总局、中央电视台财经频道	纪录片	2017 年
海丝寻梦录	海上丝绸之路	广东省委宣传部、广东广播电视台	纪录片	2017 年
沧海丝路	海上丝路沿线	广西壮族自治区党委宣传部、广西新闻出版广电局	电视剧	2018 年
二十四小时	海丝沿线地区	浙江卫视	综艺节目	2018 年
丝路传奇特使张骞	西北丝路	央视动漫集团有限公司	动画片	2018 年
丝路传奇大海图	海上丝路	央视动漫集团有限公司	动画片	2018 年

片名	地理区域	制作方	类型	首播时间
我的青春在丝路	丝绸之路	芒果 TV、湖南广播电视台新闻中心	纪录片	2018 年
嗨！东盟——"一带一路"之东盟行	东盟十国	中国—东盟中心、北京电视台	纪录片	2018 年
丝路微记录	丝绸之路	中宣部对外推广局、五洲传播中心	纪录片	2019 年
丝路印象双子城	中国黑河与俄罗斯布拉戈维申斯克市	黑龙江省委宣传部、黑河广播电视台	纪录片	2019 年
风情中国	丝绸之路沿线	北京天盛科学技术音像出版社	纪录片	2019 年
一带一路上的智者	丝绸之路经济带、海上丝绸之路	中国新华新闻电视网	纪录片	2019 年
寻迹古都长安	西安	中央电视台科教频道	纪录片	2019 年
守望敦煌	敦煌	甘肃鸿文敦煌艺术研修中心、上海名道文化发展中心	纪录片	2019 年
敦煌乐器	敦煌	甘肃省文化产业发展集团	纪录片	2019 年
共同命运	丝绸之路	丝路文化传播、新鼎明影视	纪录片	2019 年
海丝·茂名	海上丝路、茂名	茂名市广播电视台、深圳市博正文化传媒有限公司	纪录片	2020 年
从长安到罗马	中国、意大利	中国国际电视总公司、西安广播电视台等	纪录片	2020 年
穿越丝路双城记	西安、罗马	中央广播电视总台、中国国际电视总公司、西安广播电视台及丝绸之路电视国际	纪录片	2020 年
穿越丝路的花雨	甘肃	中共甘肃省委宣传部、甘肃演艺集团、敦煌研究院等	纪录片	2020 年
登场了！敦煌	敦煌	爱奇艺、知了青年等	综艺节目	2020 年
敦煌:生而传奇	敦煌	企鹅影视、五洲传播中心等	纪录片	2021 年

在丝绸之路题材影视创作中,纪录片类型占据了七成比例,剧情类作品(包括电影、电视剧、动画片)的覆盖率不到创作总量的三成,其他类型电视节目更是凤毛麟角。近几年来,纪录片"播出时长趋于稳定","进入与黄金时段综艺节目角逐时代,电视、网络、电影多种媒体齐发力"[①],整个纪录片产业逐渐出现蓬勃发展的状态,中国纪录片的国际影响力也正在逐步加强。央视、卫视纪录片频道组相继推出了一些广受欢迎的纪录片作品,在引领纪录片产业发展的同时,也在不断努力提升纪录片频道的影响力。然而,从电视观众的收视习惯来看,更多观众是偏向于收看剧情类作品以及综艺类作品的。2020年度收视数据显示,"电视收视用户每日户均观看电视剧时长最长,为62.4分钟;其次为新闻和综艺节目,分别为46.2分钟和29.7分钟。……2020年,平均每天每个电视收视用户观看11.9分钟纪录片……"[②]可见,纪录片收视数据远远低于电视剧、新闻以及综艺节目收视。纪录片的收视人群一般局限于高收入、高品位、高消费群体,纪录片收视率在整个市场中所占份额非常小。对北京、杭州、广州三个城市的收视调研显示:"从收看人群的构成上看,央视十套收看人群的男女比例基本相等,男性群体占比略高,其中广州的男性观看占比达到了57%,是三个城市中占比最高的。年龄结构方面,年轻群体收视集中的现象比较明显,在北京和广州,25—44岁的中青年人群占据了收视的主体。"[③]从纪录片收视人群中男性观众比例略高、年轻观众占比较大的现状来看,纪录片收视群体的市场覆盖率,与剧情片观众、综艺节目观众的市场覆盖率相比,相对较低。而丝绸之路题材影视创作的主要类型就是纪录片,这必然会对该题材作品的受众覆盖率产生影响。电视收视市场中份额最高的电视剧,在丝绸之路题材影视作品中只有寥寥几部。事实上,电视剧对广大受众文化思想引导和价值观传递方面的效用是显而易见的。以《丝绸之路传奇》中的改名情节为例,卫明霞是被汉族人收养的维吾尔族姑娘,"卫明霞"是她的汉族名字,"梅里古丽"是她的维吾尔族名字。改名的矛盾背后其实是民族文化之争。通过改名的情节,"电视剧关于民族文

① 胡博.2016年纪录片类节目播出、收视回顾[J].视听界,2017(2):36.
② 中国视听大数据2020年年度收视综合分析[J].影视制作,2021,27(1):14-22.
③ 胡博.2016年纪录片类节目播出、收视回顾[J].视听界,2017(2):38.

化融合和倡导人性解放的价值观得到充分体现,这一价值观契合、引导并塑造着包括本民族和异民族在内的受众的价值观,使他们认同文化传播不会造成文化的同化或消失,既保持自身的主体性和民族性,又与异民族文化和谐相处,是民族繁荣、融合之路"①。剧情类作品通过故事情节对观众的心理产生影响,进而引起观众的情感共鸣。这种影响是潜移默化、润物无声的。在丝绸之路题材的剧情类作品中,影片《大唐玄奘》《功夫瑜伽》都取得了较好的传播效果。如果电视剧的产量和质量能得到进一步提升的话,丝路题材影视创作必将打开新的局面。

梳理丝绸之路题材影像作品还会发现,影视作品对丝绸之路不同干线的呈现,也有极大的比重差异。80%的作品都是表现传统的丝绸之路也就是西北丝绸之路的,其次是呈现海上丝绸之路的作品,数量最少的就是西南丝绸之路。当然,这与不同干线的战略地位也有关系。历朝历代对西北丝绸之路干线的拓展力度最大,沿线节点城市、文化遗迹也数不胜数,内容素材丰富,所以历来是影视创作首选的对象。而"一带一路"倡议则为海上丝绸之路带来新的契机,海上丝绸之路的辉煌历史受到各界重视,未来发展也备受期待,因而海上丝绸之路影像作品迎来了一波创作高峰。相对而言,西南丝绸之路受关注的程度较小,影像创作方面的投入力度也不够大,其传播力和影响力自然也会更小一些。从当前几条干线的影像创作现状来看,西南丝绸之路的复兴还需要等待一个契机。

二、作品制作方单一,产量规模受限

丝绸之路诞生以来,这条交通要道对中国经济增长、文明传承、国际战略地位提升方面的意义都是无可比拟的。丝绸之路既连接了东西方地理位置,又连接了东西方文明,成为经济文化多元化传播的重要载体。丝绸之路独特的地缘意义,使其超越了具象的物质空间,在跨地域、跨文化的历史进程、文化变迁和

---

① 张颖敏,杜彬.少数民族电视剧符号生产与受众认同:以电视剧《丝绸之路传奇》为例[J].新闻传播,2016(14):12.

人类活动中形成了一种独特的认知空间。丝绸之路因具有跨越国别和民族界限的地缘特征,使得沿线国家和人民更认可共同的历史记忆,更具有精神归属。因此,丝绸之路既承载着厚重的历史底蕴,又被赋予了深刻的人文内涵,成为中国彰显文化软实力、实现民族复兴的重要途径和手段。

丝绸之路影视创作迄今已近 70 年,各阶段创作重心在社会政治背景、经济环境、时代趋势、文化形态等因素的影响下也有所不同。同时,丝绸之路影像作品受制作技术水平、产业创作理念的影响,逐渐从凝重的历史意识呈现转向了对文化内涵表达的侧重。这类作品的创作仍是以政府和主流媒体为主导的,丝绸之路影像作品的产业发展进程是较为缓慢的。在中国影视市场整体繁荣的背景下,丝绸之路题材影像作品的总产量并不乐观。

主流媒体统领丝路题材影视创作,总产出规模有限。梳理丝绸之路题材影像作品后不难发现,该题材影视作品的萌芽发展阶段正值我国媒介不发达的时期,作品的创作和发展受社会总体政治、经济、文化形势的影响,内容制作和传播都是通过政府和主流媒体渠道去完成的。这里提到的"主流媒体"一词,指的是相较于非主流媒体而言,能够起到社会舆论主导作用,公众影响大、信度较高的省级以上媒体。再进一步解析的话,主流媒体是承担着重要宣传任务、拥有较强影响力、品牌性较为明显的媒体。

从早期丝绸之路题材影视作品的制作出品方来看,绝大部分都是从宏观角度出发对丝绸之路悠久历史文化进行影视化阐述的作品。这些作品具有较为明显的意识形态倾向,很多作品还流露出与文化战略相关的主导思想。在早期的影像作品中,纪录片类型在丝绸之路题材影视作品总量中几乎占据了大半江山。主流媒体是这些作品的主要制作方,也是作品的主要传播阵地。其他媒介则因制作预算、制作权限和版权片源等原因较少涉猎此题材。以国内具有一定知名度的丝绸之路题材影像作品为素材库,从片名、作品涉及区域、制片方、类型以及首播时间几个方面做出统计和梳理,如表 4-1 所示,21 世纪以来,仍然是主流媒体在主导丝路题材的影视创作。这些作品大多数以"追溯历史"为切入口,以丝绸之路丰厚的历史底蕴为创作资源库,通过再现丝绸之路的历史遗产来展现丝绸之路沿途的自然景观、人文景观,并借由一些重要的时间节点来展现丝绸之路的历史故事,如《大唐西游记》《敦煌》等。有的作品是深入挖掘具有代表性的历史事件,或以标志性的地缘空间为切入点,进行横断面式的重点讲述,如《玄奘之路》《望长安》等。丝绸之路题材作品的产出量,与中国持续增长的影视产出总量悬殊,与其他题材类型影视作品之间的差距十分明显。2013年习近平主席提出"一带一路"倡议后,"丝路"题材影视作品虽然迎来了一轮新的创作高峰,但作品依然是在宏大主题中完成了对朝代更迭、社会变幻的阐述。比如《河西走廊》《对望:丝路新旅程》《海上丝绸之路》《一带一路》等,从主题和艺术价值来看,呈现出了明显的国家形象建构意味。由此可见,21世纪以来,丝绸之路题材影像作品的创作仍是以政府和主流媒体为主导的,作品也持续地侧重于意识形态表达,产出规模虽有一定提升,但影像总量失衡的问题依然困扰着该领域的创作。

总而言之,在全球化趋势和媒介技术高速发展的背景下,主流媒体在内容生产和制作层面所暴露出的制作方单一、生产规模局限、题材范围窄、资金紧张、专业人才队伍稀缺等问题,对丝绸之路影视创作形成了较大冲击。而流媒体平台的崛起和受众习惯的迁移,无疑对以宏大叙事为主要特征的丝路影像作品提出了新的挑战。

三、产需脱钩,竞争乏力

大部分丝绸之路影像作品从创作到播出都是由主流媒体统领的。主流媒体在影像创作方面存在叙事主题受限、制作周期长、传播渠道有限等问题,导致丝路影像成了高居庙堂的冷门作品。虽然目前在此题材领域有着一定程度的"权力下放",但丝绸之路影像作品仍不具有商业适配性。在与高度商业化的影视产业的交融中,人们对通俗、娱乐性内容的需求迅猛增长,丝路题材影视作品数量失衡、作品观赏性差等问题,都使其在影视产业中的市场竞争力渐弱。不得不承认的是,目前丝路题材影视作品所面临的现实困境中,最为核心的问题便是内容特质不符合当下市场需求和受众审美倾向。同时,丝路影像作品在叙事手法上存在着技巧刻板、模式单一等问题。此外,丝路影像作品的整体视觉呈现无法与其他类型作品相抗衡。以上种种原因,导致丝路影像作品产出与市场需求不符,市场反应倒逼影像创作,影像产出规模自然就受到市场的挤压。

从《敦煌壁画》至今,丝绸之路题材纪录片作品的发展也经历了 60 余载,该题材的影视作品在主题提炼、题材选择、叙事结构、艺术语言和艺术手法等方面虽也有风格和阶段特征的转变与发展,但与影视产业内其他题材类型的作品相比较,发展是较为缓慢的,且呈现出了几个阶段性的特点。

丝绸之路题材影视作品的发展大致可分为四个阶段。第一阶段主要是中国纪录片的起步阶段,最早关于丝绸之路的影视作品是中央新闻纪录片电影制片厂拍摄的纪录片《敦煌壁画》。这部作品于 1954 年完成拍摄制作,主要内容是展现敦煌在古丝绸之路中的重要地理位置,并对敦煌宗教文化进行溯源。这部作品是我国第一部走出国门的纪录片。在这一阶段里,丝绸之路题材影视作品的阶段特征主要表现为:作品是在政府和主流媒体主导下的以意识形态展现为主要目标的纪录片作品。在这一阶段内,受社会总体背景和影视制作产业及理念落后的限制,该类型作品产量屈指可数。

丝绸之路题材影视作品在第二阶段的发展,主要依靠改革开放的时代红利和文化创作的良好氛围。改革开放带来了思想文化的多元化发展,丝绸之路题材影视创作也涌现出了一批较为优秀的作品,例如《敦煌石窟:第 45 窟》《古都长安》《敦煌之恋》及最具代表性的中日合作摄制作品《丝绸之路》等。这些作品不仅引起了中国社会和国际上对丝绸之路文化的关注,在整个影视行业内也掀起了一股丝绸之路创作热潮。第二阶段中,以丝路文化为主题内涵的影视作品,更多地承担起了意识形态的跨文化传播任务。在政府及主流媒体的引导下,丝绸之路影像的创作思路作了一些调整和改进,较第一阶段而言,此时期的作品在主题阐述上更加注重文化内涵的表达。在第二阶段内,丝绸之路题材影像作品的产量虽有一定程度的提升,但产量增幅与整个行业的市场增幅相比,并没有获得显著增长。

进入 21 世纪后,丝绸之路题材影像创作随着全球化的时代背景进入一段相对繁荣的发展时期。丝绸之路题材影视创作在制作技术、资金投入等方面得到了大幅提升,但创作主导依然是以中央电视台为首的官方媒体,2005 年中日再次合作摄制的《新丝绸之路》最具代表性。这一阶段,伴随着影视产业的蓬勃发展,丝绸之路影像也更加重视对外的文化宣传效果了。影像作品的类型逐渐多元化,国家层面也积极地推动影像创作对国家形象的建构。丝绸之路影像作品渐渐显露出在主题的深度挖掘和文化输出方面的优势,创作理念和制作水准都得到了大幅度提升。整体来看,丝路影像作品的创作数量的确有较大比例的增长,但在同时期的影视创作总量中仍不突出。

2013年,"一带一路"倡议提出,丝绸之路题材影视作品的创作也进入了一个全新的时期。在这一时期里,媒介技术的发展和信息爆炸的时代优势,使丝路影像得到了前所未有的曝光量。丝绸之路相关话题也受到了国内外的广泛关注。这一阶段,影视作品更加侧重于国际化表达,在政策助推下产生的多方合拍项目、丝绸之路国际电影节等文化交流工程,成为阐释丝绸之路时代新义的重要窗口。从创作产量来看,这一时期的丝路影像作品有了更大比例的增长。值得注意的是,大多数作品在主题内涵挖掘方面出现了单一化和同质化倾向。从作品的传播效果来看,丝绸之路的影像创作仍有待数量方面的持续产出和质量方面的进一步优化。

纵观丝绸之路题材影视作品的阶段性发展,不难看出,丝绸之路题材影视作品发展至今,主要是以政府和主流媒体为主导制作的,侧重于意识形态的表达也无可厚非。随着时代美学观念的变化,丝路文化的影像拓展也呈现出多元化的态势。丝绸之路题材影视创作亦渐渐脱离了早期说教意味浓重、创作模板化的窠臼,逐渐转向对历史文化内蕴、时代审美趣味的深度挖掘,并注重利用先进的影视制作技术和手法来提升作品的整体艺术效果。

作为当下最活跃的媒体产业形态和意义生产领域,影视作品是最能深刻反映"一带一路"内涵的一种文艺形式。影视作品中潜藏的意识形态能够为所处时代勾勒出一幅现实图景,而"一带一路"本身所蕴含的历史传承和时代变迁也为影视作品增添了深层内涵。影视创作通过镜头画面和故事讲述,连通了历史与现实的边界,成为历史与当下主动沟通的有效表达路径,也有效发挥了文化传播过程中的意识形态传递功能。重建丝绸之路,重构丝路文化,是当前影视创作者在新的时代背景下需要深入思考的命题。

不得不承认,当下大众对丝绸之路的认知依然处于较为宏观的层面,对丝绸之路沿线地理环境和人文风情的了解依然停留在浅表阶段。丝路文化的影像传播处在一种缺失与不足的困境之中。内容面向窄,作品产量相对较少,这些都造成了丝绸之路影像作品的叙事困境。总而言之,丝绸之路的影像构建意义重大。影像作品作为文化传播的重要媒介,拓宽了丝路文化的意义空间,为"一带一路"倡议的推行奠定了坚实的基础。提升丝路影像作品的创作产量,化解其因作品总量失衡导致的困境,是丝绸之路题材影像创作面向未来的关键。

第二节　叙事内容同质化

作为大众文化传播的重要阵地,影视创作本应在题材选择和内容呈现上体现出与大众性、消费性相匹配的特质,而大众性、消费性往往与崇高、严肃的主题相区别。在很长一段时间里,丝路题材影视作品的内容生产都被框定在历史文化呈现、主流意识形态表达等严肃主题中,不少作品甚至存在创作客体相同、内容重叠、立意相近等问题。

一、主流意识形态的规约性输出

"故纸堆里做文章"这一俗语是人文历史类影像作品创作的惯常思路,丝绸之路题材影像作品的创作理念也是如此。丝路历史、丝路遗产成为丝路题材影像创作的主要素材资源库。正如本书第二章第二节《丝绸之路影像的主题内涵》中所说的,"在众多思想各异的作品中,还是能抽丝剥茧般梳理出一条主题线来,那就是'回望历史,立足当下,放眼未来'的总体趋向"。丝绸之路影像作品的主题立意基本绕不开两点,要么展示古丝绸之路的历史文化,要么展现新丝绸之路在当下的发展状态。也正如本章第一节中所提到的,丝绸之路题材影像作品的创作仍是以政府和主流媒体为主导的,也必然会侧重于意识形态的表达,因此,作品在主题内涵的整体趋向方面呈现出一种普遍性的对主流意识形态的输出。

影视作品中蕴含着一定的社会意识,会通过特定的叙事手法呈现出来,这是毋庸置疑的。在影视创作过程中,通过影像内容和主题思想来传递主流价值,展现国家形象,是新的时代背景下国家文化输出的必然要求。丝绸之路所涵盖的丰富历史文化,使其具备了延伸文化内涵、输出文化价值观的能力。因此,丝绸之路题材影像作品的制作和播出,成为一项自上而下的社会文化建设和输出工程。在丝绸之路题材影像作品的历史回顾中不难发现,主流媒体的影像创作具有强大的导向作用,丝绸之路题材影像作品始终延续着对主流意识形态的强力输出,并在潜移默化中使之成为一项普遍法则,流露出一种规约性意味。

虽然当前影视产业的总体发展速度是非常喜人的,但影视作品的创作时常会出现某个类型作品在市场内打响口碑后,就有同类作品扎堆产出的现象。这不仅是丝绸之路题材影像作品在创作中所遇到的困境,也是整个影视产业的通病。对于丝绸之路题材影像作品来说,除了作品总量存在失衡现象以外,在影像创作过程中进行规约性的主流意识形态输出,也是一个值得关注和思考的问题。比如,在实施改革开放以后,蓬勃发展的市场经济滋生了盲目的膨胀意识,这种膨胀意识在当时的文学艺术作品中也有不少体现。1980年播出的《丝绸之路》,其创作理念就是"波澜壮阔的历史""人类文明的史诗"。这种"史诗"倾向在不少作品中都有体现,形成了丝绸之路题材影像作品中普遍存在的"壮阔"风格。

就影像传播效果而言,同题材的影像创作,创作主旨和出发点才是作品在受众中立足并能广泛传播的根本。但从当前创作情况来看,丝绸之路题材影像作品在叙事方面的主要现实困境就在于叙事意识的同质化,宏观层面来讲就是创作意识被束缚在既定的主流意识形态输出的框架内。此外,丝绸之路题材作品的发展进程与我国飞速发展的影视产业和文化产业有较大的进度落差,在题材选择和内容呈现上也未能与市场、受众的需求相匹配。影像作品中,意识形态的垂直输出和题材内容的同质化,都会使受众产生审美疲劳。

很多作品都是通过对丝路沿线地区历史文化、经济发展、文物古迹、考古成果的展现来建立作品结构的。以宁化广播电视台与日本NHK电视台合作拍摄的系列纪录片《黄河》为例,该片共3集,每集50分钟,拍摄制作历时42天。

拍摄团队从始发点宁夏出发,沿黄河的流向逆行,途经甘肃、青海、四川地区,在自然奇观、历史遗迹、风俗民情以及人物故事中展现了黄河文明。类似作品还有《永远的丝路》(2001)、《丝路秘史》(2011)、《玄奘之路》(2011)等。这些作品都有着深切的人文关怀和求真纪实的专业态度,其中也不乏艺术表现力较为卓越的作品,但总体来看,不论是取材也好,叙事形式也罢,均存在着同质化的倾向。更为突出的是,回顾历史、挖掘民族文化底蕴的创作主旨,依然是这类作品持续输出的社会意识形态。

丝绸之路题材影像作品还承载着运用影像感召力教化大众的功能,而丝路作品的"精英内容"特性又使其与大众化题材的影像作品产生了隔阂。丝路作品中意蕴深厚的主题内涵对受众文化水平及审美认知提出了较高要求,这就使得丝路作品在影视创作的市场化进程中缺乏大众群体的广泛认可,从而陷入了一种因叙事意识同质化而导致的困境之中。

当然,在丝绸之路题材影像作品的发展历程中,作品主题和内涵意蕴的输出方式也不是一成不变的。2010年,中央电视台开设了纪录片频道,这对国产纪录片的发展来说是一个十分重要的元年。频道的开设意味着纪录片的播出有了成熟和专业的播出平台,这是纪录片的一次重要产业升级。同时,纪录片频道还开设了海外驻点,为的就是进一步借助广播影视的文化传播力量,推动文化"走出去"工程,这是实现影视作品跨文化传播目标的重要一步。在这一阶段中,丝绸之路题材影像作品有了固定的宣传窗口,丝路影像作品也成了文化"走出去"工程中对外交流合作的重要载体。这一阶段中,对承担对外交流任务的影像作品来说,讲述中华民族辉煌灿烂的文明史,传播中华优秀传统文化,是时代赋予的必然使命。因而,影像作品中的主流意识形态输出也就理所当然。

随着"一带一路"倡议的提出,丝路沿线国家间的合作与交流日益频繁,丝绸之路题材影像作品在创作数量和质量方面均呈现出稳步提升的良好态势。在影视对外传播力度整体加大的情况下,丝绸之路题材影像作品也丰富了对外传播的方式,拓宽了对外传播的渠道。比如,通过合拍作品的方式,深化国与国之间的文化交流,电影《功夫瑜伽》是中国和印度合拍的电影作品,百集微纪录片《从长安到罗马》则由中国和意大利导演联手打造。又如,"一带一路"的文化配套工程——"丝绸之路影视桥工程",也成为中国与"一带一路"沿线国家进行文化沟通的桥梁。影视桥工程就是通过制作、翻译一批具有传播意义的优秀影视作品,加强中国与其他国家之间的文化交流,推动中华文明与其他文明之间的对话,实现人民与人民之间的心意相通。影视桥工程的实质,是借助影视作品强大的传播力,培养起海外受众,分享"丝绸之路"自诞生以来一脉相传的"和平、合作、开放、包容"的理念,以达到传播者和接受者在文化层面的"双赢"。从全球范围来看,这种传播策略还伴随着世界各地旅游文化和非物质遗产浪潮的兴起,尤其是在丝绸之路沿线,共同的历史记忆、相通的精神理念,必然会成为影像作品中最为主要的意识形态呈现。从这个意义上来说,影像承载着再现丝路历史、挖掘地域文化、推进文明交融的重任,适时地进行意识形态输出也在情理之中。

从作品的阶段性特征来看,通过主题内涵承载主流意识形态,这一特征贯穿了丝绸之路题材影视创作的始终。不过,在 2013 年以前,丝绸之路相关的电影、电视剧作品,更多是从个人英雄主义视角来展现时空交错的异域风景和悲怆曲折的人生经历的。纪录片《玄奘之路》(2011)讲述了唐朝玄奘法师孤身跋涉万里征途,历经西域十六国,十七年西行求法,后又不惧艰险返回祖国弘扬佛法的传奇经历。作品中还将玄奘法师与文学名著《西游记》中的唐三藏形象作了比对,通过演员扮演和解说词的双重解读,还原出真实的历史人物形象。玄奘法师是《西游记》中去西天取经的唐三藏的原型。《玄奘之路》试图通过一个家喻户晓的人物形象拉近观众的心理距离,以一种求真求实的态度展现有着坚定目标和坚强意志的人物形象。影视化手段的扮演增强了影像作品的趣味性,观众们不仅真切感受到玄奘大师身上顽强执着、不畏艰险的求知精神和民族气概,同时还强化了对中华民族主体观念的认知,达到了意识形态传播的目的。

从宏大主题到个体关注,是 21 世纪以来丝绸之路影像叙事的一个显著转变。丝绸之路的厚重历史不再是在史料的讲述中呈现,而是站在大众立场,借由人物的经历展现沧桑变迁。《丝绸之路传奇》这部电视剧,将目光聚焦在现代社会"新丝绸之路"上的人与物,试图通过小人物视角来建构起与受众的情感共鸣。例如,以维吾尔族青年艾拉提·苏莱曼的视角,讲述了他在学习现代纺织技术的过程中受到各民族同胞的帮助摆脱贫苦过往，从艾德莱斯纺织传人转而成为新一代高级纺织专家的故事。这种将个体成长置入时代发展大环境的手法更"接地气"，在个人的命运浮沉中，宏大主题的呈现也显得水到渠成。

丝绸之路的悠久历史需要被传播，中华民族的优秀文化也应该被弘扬。文艺思想中一个核心观点是"人民中心论"，主流意识形态的输出应该讲究方式方法，以人民喜闻乐见的形式，讲述老百姓爱听的故事。2013年"一带一路"倡议提出以后，丝绸之路题材影像作品逐渐将目光转向了当代丝绸之路的建设和对未来的展望之中，这是丝绸之路题材影像作品在新的时代背景下进行意识形态输出的新命题。

"一带一路"倡议是"一带一路"沿线国家共同的奋斗目标。中国和沿线国家在此项倡议的推动下正在经历时代巨变，然而这样宏大的主题依然需要通过"接地气"的手法来表达。《一带一路》从贸易、能源、金融等领域60多位普通人的视角出发，在他们各自的奋斗历程中展现推动世界发展的伟大战略与微小个体之间的互为依存的关系。古代丝绸之路的繁荣景象与当下丝绸之路的蓬勃发展，丝绸之路历经千年的沧桑巨变，都化为具象的个人经历，在微小的个体陈述中一一呈现。以人民为中心，就是想人民之所想，思人民之所思，真正满足人民的精神需求。《一带一路》用具象的个人故事承载抽象的国家意识，避免了长期以来丝路影像作品在主流意识形态建构过程中"主题先行"的老路。而这种"接地气"的讲述无疑更贴近老百姓的心理，也更能获得广大民众的心理认同。突出个人与国家、与世界、与时代的对话关系，是意识形态领域的一种"软传播"①模式。软传播是相对于硬传播的一个概念，硬传播实质上是一种强势输出，而软传播则是以柔和细腻的方式进行润物无声的影响。软传播对当前丝绸之路题材影视创作产生了一定影响，作品在选材倾向和结构方式的选择上都更加偏重于平凡个体与恢宏时代之间的联系。这在一定程度上可以说是通过影像作品进行主流意识形态输出的一种形式升级，也是国际文化传播新格局下的一种转变与尝试。

---

① 参见：石章强，周攀峰.软传播：打造品牌强寿力[M].北京：中国经济出版社，2009.

从影视产业的总体发展态势来看,这种采用"软传播"方式讲述丝绸之路历史故事和时代新义的形式,对于容易陷入宏大主题叙述的丝绸之路题材影视创作而言,是具有积极意义的。从整个行业层面来说,软传播、软输出对影像创作模式的革新和主流意识形态的表达都是一种突破。尽管国家意识的传播和主流价值观的弘扬仍然是一种自上而下的过程,但故事讲述视角的变化切实拉近了宏大主题与平凡个体之间的距离,也就改变了既往影像作品中主流意识形态呈规约性输出的现象。然而,依旧没有得到解决的一个现实困境是:不论是早期的丝路影视作品还是近年来层出不穷的新作,都在创作主旨和创作风格层面显露出叙述上的趋同倾向。丝绸之路影像作品受题材所限,以历史文化的传播和优秀传统的弘扬为己任本也无可厚非,但主流意识形态以普遍准则式的方式输出,显然束缚了丝路影像传播的大众化进程。纵观丝路影视作品的发展历史,往往是一部具有代表性的作品产出以后,其他作品的制作也会以此为范本,跟风创作出同类型、同模式甚至是同主题的衍生作品。丝绸之路已经有两千多年的发展史,沿线国家、民族众多,这个题材的影像创作中可供选择的素材本应异常丰富、取之不竭,遗憾的是,不少作品的创作思路没有打开,所以造成了叙事上的同质化现象。这同时也说明,影视产业的创新动力还不够,产品创作方和产业链条并未形成良性互动。丝绸之路题材影视作品从策划到制作再到展映,大多由主流媒体和政府部门牵头进行,有的作品建构在国家意识层面,有的是地方文化建设层面的工作成果,作品创作缺乏市场主动性。与国外影视制作机构同题材作品相比,中国丝绸之路影像作品在主体切入和策划阶段就存在着对受众需求考虑不全面的问题。

讲好中国故事,传播好中国声音,展示真实、立体、全面的中国,是加强我国国际传播能力的重要任务。"讲中国故事"是当前文艺创作的前提条件,"怎么讲"以及"如何把故事讲好",就是文艺工作者需要深入思考的问题。从已有作品和传播背景来看,丝绸之路沿线各国国情不尽相同,经济发展水平也参差不齐,宗教文化更是百花齐放,各国之间普遍存在的这种差异性,对"讲好中国故事"提出了更高的要求。中国电影的对外传播现状显示,剧情片在东南亚大行其道,功夫片在西亚、东欧、北非最受欢迎,纪录片在西亚、北非也备受观众喜爱,因此,丝绸之路题材的影视创作应该立足于对丝路沿线区域文化的全面了解,在找寻区域文化共通性的过程中,找准主流意识形态的落脚点。

二、典型地域符号的集聚式呈现

从当前文化传播现状来看,中国影视作品在国外的受欢迎程度是呈逐年递增趋势的。究其原因,一方面是因为中国有着悠久的历史,作为四大古文明之一的中华文明拥有辉煌的成果,而且在发展过程中从未中断;另一方面,中国地大物博,地理条件优越,资源丰富。辉煌的文明成果和优越的地理资源,自然会成为影像创作的素材库。丝绸之路本就是因地理位置而闻名,丝绸之路题材影像创作也往往以地域为标签,围绕地域文化进行主题阐述。值得注意的是,在丝绸之路题材影视作品中,出现了典型地域城市被反复展演的集聚效应。与之相应,在以地域为标签的作品中也形成了地域文化的模板化甚至套路化倾向。地域符号的集聚式,导致同一地域标签的影像作品在主题内涵、表达方式方面缺乏创新性,也容易形成观众的审美疲劳。

丝绸之路影视创作中,敦煌、西安、河西走廊是较为集中的取材对象。仅就纪录片的创作实践来看,以敦煌为主要元素的影像作品至少有 20 余部(详见表4-2)。这 20 余部作品大多是以"敦煌"为地理取景范围,着力展现敦煌的自然环境、人文历史、精神风貌。2010 年播出的十集纪录片《敦煌》,是最早以系列片形式来专门展现敦煌的影像作品。这十集分别为《探险者来了》《千年的营造》《藏经洞之谜》《无名的大师》《敦煌彩塑》《家住敦煌》《天涯商旅》《舞梦敦煌》《敦煌的召唤》《守望敦煌》,主要通过对十个人物命运故事的讲述,展现敦煌一千多年的历史和生活。在这部纪录片中,甚至出现了之前从未面向游客和媒体开放的洞窟。可以说,这是首次较为全面地呈现敦煌莫高窟面貌的影像作品。其后的大多数影像作品,或者重点表现敦煌文化的一个侧面,或者将敦煌置身于河西走廊、甘肃甚至是整个丝绸之路的背景中来展现,与《敦煌》相比,无论是从全面性还是深入性的角度来看,都未能出其右。2016 年播出的《敦煌画派》,从美术遗存和美术历史的视角入手,通过对不同朝代经典壁画、经典雕塑作品的展示,深入解读了敦煌艺术精神。与早期《敦煌壁画》《敦煌石窟:第 45 窟》等作品相比,《敦煌壁画》在表现手法和内容侧重方面显然大有不同,但仍然未能避免内容选材有一定范围重复的问题。

表 4-2 以敦煌为主要题材元素的纪录片

首播时间	片名
1954 年	敦煌壁画
1980 年	丝绸之路
1980 年	敦煌石窟:第 45 窟
1987 年	敦煌变文
2006 年	新丝绸之路
2008 年	丝绸之路上的美食
2009 年	河西走廊
2010 年	人文甘肃
2010 年	敦煌
2010 年	敦煌书法
2010 年	敦煌:寻找失落的文明
2010 年	甘肃系列纪录片
2011 年	敦煌之恋
2011 年	敦煌写生
2012 年	文明甘肃
2012 年	丝路
2013 年	敦煌伎乐天
2013 年	丝路·重新开始的旅程
2013 年	邮票上的甘肃
2016 年	敦煌画派
2016 年	永恒中国·魅力甘肃
2019 年	守望敦煌
2019 年	敦煌乐器
2021 年	敦煌:生而传奇

除了敦煌这一具有高辨识度的地域标签外,丝绸之路上还有很多这样的典型地域,比较有代表性的就是西安。西安是中国六大古都之一,历史上被称为"长安"。西安建都历经 13 个朝代变更,是中国历史上建都朝代最多、建都时间最长、保存规模最完整的都城。西安在中国历史上是著名的政治、经济、文化中心,同时也是丝绸之路的起点城市,现如今更成为"一带一路"倡议中的重要节点城市。以西安为主要元素进行创作的影视作品也不在少数。

纪录片《丝绸之路》的第一集就是《古都长安》,片中从丝绸追溯中国的丝织历史,从茂陵追溯丝绸之路的源起,从霍去病墓展开了对汉朝军事实力的讲述,从长安的城市地位引出与丝绸之路另一端君士坦丁堡、罗马城的比较,等等。这是首次从丝绸之路的角度呈现西安城市形象的影像作品。由于该片拍摄年代较早,创作思路较为传统,技术手段也比较陈旧。《新丝绸之路》系列,以《永远的长安》为收官篇目,与《丝绸之路》系列的开篇《古都长安》形成辉映之势。《永远的长安》中,从唐都长安的建筑风格引出对大唐国力、丝绸之路繁盛景象的讲述,从玄奘西行、大雁塔、法门寺引出对唐代佛教文化发展情况的介绍;从丝绸文物畅想唐人生活图景以及外域对唐代都城的朝拜,从粟特人墓葬引出对西域胡人在长安经商、任职情况的介绍,等等,不一而足。《永远的长安》在创作思路上和《古都长安》极为相似,都是从现有文物或遗迹出发,追溯历史,探寻长安城在历史中的风貌,从而突出长安在丝绸之路上的特殊地位及历史意义。2009 年 8 月,中央电视台二套《经济半小时》特别节目中曾播出系列纪录片《望长安》。这是一部用优美影像探索陕西历史文化的大型人文纪录片。这部系列作品以历史人物为核心,每集一个独立主题,通过故事化以及悬念设置的方式诠释主题人物,最终完成对历史的回顾和对文化内涵的挖掘。《望长安》分为 10 集,每集 30 分钟,包括《秦砖汉瓦》《盛世之光》《中国原点》《长治久安》《有容乃大》《雁塔题名》《古调独弹》《鼓舞风神》《圣地延安》《西望长安》。整体来看,这是一部运用影像手段多角度、多层面建构地域形象的作品。作品从历史视角出发,对古都长安进行了时间上连续、空间上完整的全景式呈现,极大促进了城市文化形象的重塑和传播。2012 年播出的《天人长安》,主要从历史变迁、城市发展以及人文气质等角度解读西安这座城市一脉相传的生活方式和生存智慧。

该片共 5 集,每集约 30 分钟,包括《一座纪念碑式的城市》《一日看尽长安花》《终归南山》《门前灞河》《天人之际》。伴随着摄制技术的更新,这部作品中也采用了情景再现、文献解读、纪实拍摄、技术复原等多种方式,借由历史事件来呈现城市文化的发展和演变。2019 年播出的《寻迹古都长安》,也是从现有历史遗迹如大明宫、古城墙出发,探寻书中所描绘的"盛唐气象"。

纵观以古都长安为主要题材元素的影视作品,可以看出,大多数作品在叙述方式上都是从历史视角出发,在辉煌的历史中凸显长安的政治、经济、文化中心地位。从文化内涵来看,这些作品普遍具有鲜明的地域文化特征。同时,这些作品暴露出的问题也是具有共性的,那就是集中于对历史文化的回顾,对当下现实生活的观照较弱。尽管随着时代的进步,这些作品在影像创作技法方面不断有创新,但是,其讲述地域文化的手法如出一辙,对西安这座城市文化内涵的挖掘仍欠缺新意。

在丝绸之路全路段中,河西走廊是具有重要战略意义的交通枢纽,素来是兵家必争之地。历史上,它是中原地区和西域之间往来的咽喉所在,现在仍然是中国内陆联通中亚、西亚的交通要道。凭借独特的地理位置和漫长的历史积累,河西走廊颇受影视创作者的青睐,在很多影像作品中都有不同程度的体现。其中,最具代表性的当数系列纪录片《河西走廊》。这部作品分为 10 集,分别是《使者》《通道》《驿站》《根脉》《造像》《丝路》《敦煌》《会盟》《苍生》《宝藏》。作品从汉朝通西域开始讲起,运用故事化手法,梳理了河西走廊历史乃至丝绸之路的文化历史。电影式的画面呈现是本片的一大特色,比如在第二集《通道》中,张骞已经年迈,导演没有大费笔墨地讲述英雄迟暮的悲凉,而是采用编年体式的手法完成对张骞家族史的展现,同时以简明扼要的解说词替代讲述历史故事的沉闷感。这部纪录片大量使用了故事搬演、虚拟技术还原战争场面等方式,使得很多历史场景以情景再现的方式呈现在观众面前,让观众在影像的视觉传达中获取历史事件、民风民俗、文化艺术、宗教信仰、经济生活等各方面的信息,最终加深对河西走廊历史的认识。还有一部从地理学、历史学、文化学入手重新解读敦煌文化的纪录片,是甘肃酒泉电视台编导的《大河西流》。这是第一部以疏勒河为主线重新解读敦煌文化的作品,不仅展现了疏勒河流域美不胜收的大漠风光和民俗风情,还对疏勒河面临的环境危机发出了警示,呼吁全社会关注生态环境保护问题。作品中串联拍摄了疏勒河、明嘉峪关城楼、雅丹地貌、敦煌莫高窟、鸣沙山、月牙泉、汉阳关、玉门关遗址等地,以原生态的方式呈现了西北风光的粗糙和阳刚,可以说是又一次对河西走廊地区的集中展现。《大河西流》于 2006 年 12 月在央视《探索·发现》栏目播出后引起了巨大反响,作品中蕴含的历史追思和文化寻根意味,为国内人文类纪录片表现形式的开拓提供了新的可能。

通过对以上地域标签式作品的分析可以看出,不论是以古都长安、敦煌古城还是以河西走廊为取材内容的作品,大体上都具有影视人类学与民族影像志的特点。这些作品跨越时空,融通古今,确实也涌现出了一些质量上乘之作。但通过纵向比较发现,对某一地域符号的集聚式呈现,使得当前丝绸之路题材影像作品的主题内涵和表现形式都难以推陈出新,大多都局限在对"地域"的重复展演之中。关于地域文化的历史追溯是必要的,但同质化叙述却有"炒冷饭"之嫌,容易造成观众的审美疲劳,这同样也是地域文化资源难以真正彰显的现实困境。

三、时代新命题的模板化表述

丝绸之路虽然已有两千多年的历史,但在"一带一路"倡议提出以前,丝绸之路实际上早就处于衰落状态。"一带一路"倡议的提出,是在新的时代环境中重新建构起丝路沿线国家彼此之间的联系,以及丝路沿线国家与世界其他国家之间的联系,是共享、共赢的丝路精神在当代的延续。同时,"一带一路"倡议也为中国影视的对外传播打开了新局面,为丝绸之路题材影视作品的发展提供了新的契机。"一带一路"倡议提出以来,"丝绸之路影视桥工程"、跨国影视合拍项目、各类国际电影节为中国影视作品的跨文化传播拓宽了渠道。这些项目或平台,不仅进一步加强了中国丝绸之路题材影像作品与沿线国家的影视产业关联度,而且在一定层面上完成了国家文化软实力的输出,重塑了中国的时代形象。值得注意的是,在"一带一路"倡议发表以来的丝路题材影视作品中,大多数作品在主题表达方面都侧重于呈现丝绸之路的时代新貌,或多或少流露出模板化倾向。

《丝路·重新开始的旅程》在中国、吉尔吉斯斯坦、土耳其、巴基斯坦、卡塔尔、阿联酋、意大利等多个国家搜集了大量普通人的故事,通过展现当下的人们为了美好生活而努力进取的状态,旨在呈现新丝绸之路沿线人们身上世代相传的精神动力,以及新的时代环境给人们生活带来的机遇、变化。《对望:丝路新旅程》依然以人为载体,每集一个主题,通过小人物的命运发展体现出他们与社会、与国家、与丝绸之路以及与世界的关联。《海上丝绸之路》跨越亚洲、欧洲、非洲、大洋洲近20个国家进行实地拍摄,真实记录下了海上丝绸之路沿线国家人民坚守、奋斗、逐梦、进取的故事,从航运、贸易、文化、科技、移民等不同角度展现海上丝绸之路对沿线国家社会发展和人民生活的影响。《穿越海上丝绸之路》一共8集,每集讲述4个人物的故事,涉及道路的开辟、文化的传承、梦想的追求等方方面面,较为全面呈现了中国在海上丝绸之路建设过程中的历史贡献和全新画卷。《一带一路》中,既有专家解读"一带一路"构想,也有国内外60多个普通人与"一带一路"的故事陈述,生动呈现了"一带一路"政策推动下沿线国家在经济文化建设过程中日新月异的发展面貌。这些作品最大的共通之处就是,将小人物置身于时代变革的大背景下,在人物微小的生活中感受时代的脉动,从而凸显"一带一路"重大构想的时代意义。丝绸之路题材影视作品作为新时期国家文化软实力输出的一种重要载体,作品在主题表达方面必然受到国家主流意识形态的影响,核心人物的设定和选择也相应会有所局限。比如,在上述作品中,所选择的人物大多为商人、留学生、老师、工程师、建设工人、手工艺人等等。这些人物遍及不同行业,身份看似多元化,但从作品整体叙事线和作品主题立意来看,这些人物身上普遍流露出积极进取、坚持梦想、不懈追求的共性。虽说"以小见大"是古今中外文学艺术创作的常见视角,但在"一带一路"倡议发表以来的丝绸之路题材作品中,众多作品均以此视角介入影像创作,遂形成了一种"以个体想象群体"的模板化呈现方式,同质化叙述问题因而较为明显。

也有一些作品试图革新。深圳广播电影电视集团制作的《共赢海上丝路》,虽然还是秉承"小切口、大时代"的创作思路,却采取了较为新颖的形式来展现时代浪潮中的个体命运。该片主要以"深商"群体为表现对象,采用了国际最流行的"TED"①形式,以演播室和实地调研相结合的方式,在向观众讲道理、说故事的过程中,分享海上丝绸之路的创业经验,传达合作共赢的丝路理念。《共赢海上丝路》打破了传统的纪录片创作手法,虽然作品主题依然没有脱离"'一带一路'倡议依托普通人的行动正一步一步实现"的框架,但全新的呈现方式使影像风格令人耳目一新。作品重心依然是在展现小人物的创业历程,但影像中对海上丝路前行者、探索者足迹的记录,不只是为了展现个体在时代大潮中的命运走向,而是为了从前行者或成功或失败的经历中吸取经验,为后来者提供可以借鉴的行动指南。因此,小人物在海上丝绸之路沿线努力打拼的生动故事,成了演播室内鲜活的案例,催生出现场观众们的观点分享和思维碰撞,进一步引发电视机前观众们的细致观察与深入思考。

"一带一路"倡议提出以来,丝绸之路题材影像作品大多偏重于对时代命题的阐述与呈现。在众多作品中,《我的青春在丝路》是"青春"元素最为显著的一部。这部作品共有五个篇章段落,分别讲述了五位青年追梦人在五个国家的不同工作领域挥洒青春汗水的故事。在巴基斯坦负责杂交水稻推广项目的蔡军,在尼泊尔负责迷你版南水北调工程的胡天然,在哈萨克斯坦修井的王金磊,在吴哥窟茶胶寺负责文物保护修复工作的张念,以及在非洲负责亚吉铁路项目的孙钦勇,他们是新一代青年在"一带一路"沿线国家追梦的代表人物。这部作品由芒果 TV 出品,共青团中央宣传部和湖南广播电视台新闻中心联合摄制。《我的青春在丝路》为主旋律纪录片的青春化书写提供了一个范本。从作品的思想内涵来看,作为一部新中国成立 70 周年献礼片,其内容制作和故事选择都与国庆主题相贴合;从文化和经济价值来看,这种青春化的故事讲述更能够拉近与国内年轻受众的心理距离,获得青春层面的广泛认同。但从作品叙事内核和叙事模式来看,题材的选择、主题的表达、视角的呈现,依然呈现出固化和重

---

① TED 是一个致力于传播思想的无党派非营利组织,该机构以它组织的 TED 大会著称。TED 大会演讲会做成视频放在互联网上,供全球观众免费分享。目前,TED 已成为世界上最具有影响力的演讲形式之一,其特点是简短有力,主题广泛。从科学到商业,再到全球问题,今天几乎涵盖了所有主题,使用了 110 多种语言。

复的态势,且有较大程度的说教宣传之嫌。

　　丝绸之路作为具有鲜明民族特点和独特文化背景的影视创作素材库,本应在影像作品中呈现出万千气象。运用丝绸之路丰厚的历史资源来增强国民的文化自信,借助影像传播力形成广泛的社会认同,在文化的对外传播中完成对沿线国家的主流意识形态输出,以"共情"达成"共赢",这是新的时代环境赋予当代中国的历史使命。仍需强调的一点是,丝路文化的传达和主流意识的传播,不应只停留在模板化呈现层面。历史背景方面模式化的贯通梳理手段,内容制作方面的定式思维,是丝绸之路题材影像作品遭遇叙事困境的根本原因。题材的同质化会引起观众的审美疲劳,作品以同一模板进行创作会使受众在思维上"串场",容易让受众产生一种同一类型影像作品在内容表述和风格呈现上并无二致的错觉。在当前媒介环境日新月异、影视产业高速发展的背景下,更新创作理念,拓展影像作品的艺术表现手法,找到历史底蕴挖掘与当代精神描述之间的平衡点,是丝绸之路题材影视创作突破同质化叙述困境的关键因素。

第三节　叙事形式缺乏创新性

　　随着时代美学观念的变化以及影视制作技术的进步,影视作品的叙事观念在不断演进,叙事形式和技巧也在不断丰富。丝绸之路题材影视创作在摄制技术上也有更新,比如用动画技术、虚拟技术或是搬演形式对历史资料进行"真实再现",这些新的技术手段都为作品的高质量呈现和艺术价值的充分表达提供了可能。但从丝路题材影像作品的整体创作实践来看,叙事视角固化、叙事结构模式化、叙事手法套路化等问题,依然是该领域作品在叙事形式方面面临的主要困境。

一、叙事视角固化

　　综观丝绸之路题材影视创作,不少作品都呈现出叙事视角固化的特征,如纪录片创作中的全知视角叙事、历史视角叙事、区域视角叙事等。

丝绸之路深厚的历史底蕴为丝路题材影像作品提供了丰富的创作素材,而在具体作品中如何利用镜头语言还原或重现独具魅力的历史文化就成了一个具有挑战性的任务。纪录片《丝绸之路》是一部以古丝绸之路行进路线为叙事主线的作品。摄制组的起点是古都长安,一路向西进发,途经张掖、酒泉、敦煌等城市进入新疆,最后行至葱岭。在重走丝路古道地理线路的过程中,摄制组每到一处,不仅有对该地域地理环境、风光面貌的画面呈现,还借助解说词挖掘了历史,展示了当地的民俗风情。解说词绝大多数时候采取了全知视角来进行叙事,既涉及对历史的回顾,也有对当下状态的展示。在第一集《古都长安》中,首先是一个鸟瞰镜头,展示了整个西安城的风貌,随后解说词的画外音响起:"丝绸之路,多么富有诗意啊,然而什么是丝绸之路,我们还得先从它的历史讲起。西安,古代叫长安,这座古老的城市已经有三千多年的历史了,它是中国著名的六大古都之一。"画面从西安全貌变成对古城墙的特写,然后又再次回到对西安全貌的展示。随着镜头内容的变换,解说词详细阐述了长安从周朝到唐代共 13 朝在此建都的历史以及都城名字的由来。在这一集中,解说词部分还向观众讲述了霍去病攻打匈奴、玄奘研习佛法、项羽火烧兵马俑等历史故事。从地理环境入手展示地域风貌,借现存典籍、文化遗迹勾连起史料、传说,同时引起观众对当代生活的关注,这种全景式呈现方式几乎成为人文纪录片普遍遵循的叙事风格。在这之后的《跨越黄河》《祁连山下》《神秘的黑城》等分集中,也都沿用了这种全景呈现的模式。可以看出,《丝绸之路》以第三人称画外音解说的方式构建起的全知叙事视角,对历史事件的梳理拥有强大的优势。经由解说词的概括、提炼,原本纷繁复杂的历史也能以一种逻辑缜密、条理分明的方式在观众面前清晰呈现。久而久之,全知视角叙事,在史料里钩沉丝绸之路历史,逐渐成为丝路题材纪录片创作的一种固化形式。

　　在历史视角的驱动之下,不少影像作品尝试使用相关技术手段进行场景还原,以便能使观众对遥远的历史产生真实的触感。在运用数字特技重建历史场景方面,《新丝绸之路》可以说是丝路题材纪录片中的先行者。比如,面对遭受破坏和盗窃之后残存的伯孜克里克壁画,真正的拍摄根本无法展示它曾经恢宏壮美的景象,因此,主创团队运用数字技术将失散在世界各地的伯孜克里克壁画进行了细致的"拼凑"和"复原",并模拟摄像机推拉摇移等运动方式,实现移步换景的视觉效果,让观众有身临其境之感,仿佛置身于数千年前的伯孜克里克石窟。又如,罗布沙漠中的小河墓地历经数千年的时间,早已破败不堪,难以想象它曾经的模样。根据考古学家的推测,主创团队试图重现小河墓地当年的景象。当一根根红色的木柱经由数字技术呈现在观众眼前时,小河人对生命的敬畏之情也在直观的视觉呈现中扑面而来。在这一场景中还加入了风沙特效,红色木柱在风沙的侵蚀中破败干裂,短短几秒钟的数字特效再现了小河墓地千年间的变化,这不仅丰富了影像的表现形式,也给观众带来了全新的、震撼的视觉体验。然而,不可回避的是,还是有众多影像作品对历史场景的还原仅仅是技术性的照搬和应用,视觉呈现手法了无新意,大量技术复原性的长镜头看似是新的视觉体验,实际上却消减了作品的意义空间。历史视角并不是万能的,运用历史视角进行叙事,固然可以拓展主题意蕴、深化人文内涵,但固化的历史视角也容易给观众带来千篇一律的心理感受,容易形成僵化的思维模式。

前文中已经提到,丝绸之路本就是因地理位置而闻名,丝绸之路题材影像创作也往往以地域为标签,围绕地域文化进行主题阐述。因此,区域性视角也是丝绸之路题材影视作品的显著特征。《敦煌》《敦煌壁画》《敦煌石窟:第45窟》《敦煌书法》《敦煌写生》《敦煌之恋》《敦煌伎乐天》《敦煌乐器》《守望敦煌》等作品,都是针对"敦煌"这一地理空间展开文化叙事的。区域性视角一般从某区域的自然地理、历史人文、民情风俗等方面介入,对区域文化的起源、发展、流变进行较为全面的观照。区域性视角对揭示区域文化独特的历史底蕴和人文价值固然有着较好的推动作用,但同时也存在一定的局限性,使得影像作品在内容表述上始终无法脱离"地域"的框架。

全景式展现,史料中钩沉历史,由地理空间上升到文化空间,丝绸之路题材影视作品在视角方面的固化叙事,容易让观众形成对该题材作品的刻板印象,也容易在题材的叠加中带来审美疲劳。

二、叙事结构模式化

影像的叙事结构是指对影像作品内容的组织、安排,是影像作品的总体架构方式。丝绸之路题材影视作品受题材内容影响,大多采用空间结构或多线结构进行叙事。

丝绸之路题材影视作品大多采取的是地域性视角,因而也多是以空间结构展开叙事的。纪录片《丝绸之路》就是从丝绸之路的始发地长安出发,沿着古丝绸之路的重要驿站一路前行的。如表 4-3 所示,《丝绸之路》摄制组所走的路线是古丝绸之路中国段。全片的叙述顺序正是摄制组重走丝绸之路的行进顺序,随着每一集内容的展开,观众的思绪也跟随镜头抵达影像中所展示的地域空间,仿佛一同游历了一次古丝绸之路。2006 年,中央电视台重拍丝绸之路,依然是从地域空间入手,依然是对丝绸之路中国段的展示(表 4-4)。略有不同的是,这次选取的是有重大考古发现的十个地域,如罗布泊、吐鲁番、库车、和田、敦煌、都兰等;叙述顺序也有改变,以前是从长安出发,这次是以长安收尾。"这一个又一个饱含历史意义与文化意义的地理名词,形式上如同一幅'长卷',由不同的空间组合而成,以一种边走边看的方式,尽情描绘沿途的地理风貌、文化图景以及人生百态。除此以外,……《茶马古道》……《玄奘之路》……《不老骑士》等纪录片在空间叙事手法上无一例外地采用了'空间长卷'的形式,借助空间流动推动叙事发展,通过并置时空完成空间体验。"①《一带一路》虽然从总体结构上来看,每一集都是以主题为中心的独立叙事篇章,但每一集的展开仍然遵循着空间叙事的逻辑。比如第一集《共同命运》中,从哈萨克斯坦到恒河,到西班牙昆卡小镇,到交河故城,到阿曼苏尔港,到印度尼西亚万隆,到白俄罗斯首都,到圣城麦加,最后又回到中国,广袤的异域空间正是因为丝绸之路才有了彼此之间的关联。在空间叙事的过程中,既有对昔日历史的回顾,也有对未来前景的展望,地域空间之间的关联性成为影像作品叙事的纽带。丝绸之路题材影视作品本身就具有鲜明的地域印记,采用空间结构展开叙事本也无可厚非。但在"一带一路"倡议提出后丝路题材影视作品创作数量激增的态势下,大量叙事结构类似的作品相继涌现,也容易造成丝路叙事方面的模式化现象,甚至会带来丝路题材影视作品在叙事上的重复。

---

① 齐虎,赵艺玲.纪录片的空间叙事研究[J].电视研究,2017(8):84-86.

表 4-3　纪录片《丝绸之路》所展示的空间

分集名称	展示地域空间
第一集:古都长安	西安
第二集:跨越黄河	兰州、武威
第三集:祁连山下	张掖、酒泉
第四集:神秘的黑城	哈拉浩特
第五集:莫高窟的生命(上)(下)	莫高窟
第六集:到楼兰去(上)(下)	楼兰遗址
第七集:流沙古道(上)(下)	尼雅古城、塔克拉玛干沙漠
第八集:美丽的和田	和田遗址
第九集:火焰山下	吐鲁番
第十集:穿越天山	天山
第十一集:龟兹幻想曲	古龟兹,今新疆库车一带
第十二集:沿天山西行	哈密至伊犁
第十三集:天马的故乡	伊犁
第十四集:葱岭古道行	葱岭到喀什,到中巴界线

表 4-4　纪录片《新丝绸之路》所展示的空间

分集名称	展示地域空间
第一集:生与死的楼兰	小河墓地、罗布泊
第二集:吐鲁番的记忆	吐鲁番
第三集:草原石头祭	塔什库尔干、昆仑山脚下、天山脚下
第四集:一个人的龟兹	新疆库车一带
第五集:和田寻宝	新疆和田
第六集:敦煌生命	敦煌
第七集:青海之路	青海都兰
第八集:探访黑水城	内蒙古额济纳旗
第九集:十字路口上的喀什	新疆喀什
第十集:永远的长安	西安

除了常采用空间结构叙事以外,丝绸之路题材影视作品还有一个较为显著的特征,那就是对多线叙事结构的运用。多线叙事是针对单线叙事而言的,是指在作品中通常存在三条或三条以上的叙事线索。早在电影诞生初期,大卫·格里菲斯就使用过多线叙事用来揭示一个共同的主旨。奥逊·威尔斯也在《公民凯恩》中通过多线叙事展现了凯恩立体、复杂、有血有肉的个人形象。在纪录片创作中,多线叙事也常用作对不同对象的多线并进讲述。在丝绸之路题材的影视创作中,多线叙事通常用来指涉多元主体。比如,《丝路·重新开始的旅程》就是在对普通人经历的讲述中展现丝绸之路新面貌的。第一集《远方不熄的梦想》中,有昭苏草原上的骑手和马场主,有吉尔吉斯的青年企业家和小商品售卖人员,有意大利的华人企业家,有吉尔吉斯工地上的中国建设者,还有昆仑山上的矿工等,这些生活在丝路沿线各地的普通人,他们在各自的生活中都有着建设美好生活的梦想,并且正在为之努力奋斗。该片的每一集都是一个叙事单元,有主要的内容核心,而每一集都是通过对不同主体的多线叙事来展开,最后汇聚到共同的主题。《穿越海上丝绸之路》第二集《家承》中,"五常号"创始人梁大镛后人梁基永,"蕴玉瓷庄"传人苏献忠,为古老苏绣赋予新的含义的时装设计师兰玉,中国工艺美术大师汤春甫,丸屋八丁味噌社长浅井信太郎等,多条叙事线索串联起丝绸之路上文明之树枝繁叶茂的生长现状,传承的意义尽显。多线叙事确实能从多个侧面、多个角度对主题进行较为全面的阐述,但在人文纪录片中动辄多线叙事,也逐渐使得这一叙事结构成为一种固化形态,不利于叙事模式的创新。

　　其实丝绸之路有着与生俱来的巨大影视创作空间,广袤的地域、原生态的文明、多民族融合、多彩的民俗等都是影视创作丰富的素材资源。在"一带一路"倡议提出后,丝绸之路的内涵和外延意义已产生巨大的变化,地域范围变得更广,文化交流进一步深化,丝绸之路的影视创作在题材内容的选择方面更加多元化,影像制作的技术手段和语言表达也在不断更新。在这种情境下,如何消除渐成模式化的结构印记,进一步丰富影像的表现力,是未来丝绸之路题材影像作品在叙事上需着重提升和改革的关键。

三、叙事手法套路化

首先，从影像立场来看，丝绸之路题材影视作品中"自我"意味较为浓厚，往往沉浸在对优秀传统文化的讲述中。从《丝绸之路》到《新丝绸之路》，主创团队一直注重对丝绸之路沿线壮丽风光的呈现和对丝绸之路辉煌历史的梳理，以使观众在感受恢宏壮阔的历史画卷的同时，也能从内心生出一股民族自豪感。而日本NHK拍摄的版本则在影像表达和内容呈现上都显露出了立场和视野方面的差异。NKH版本更追求画面的纪实性和历史事件的创造性还原，在历史轴线中以微观的视野来展现沿线人民的现实生活，更注重以"他者"的立场完成影像的客观呈现，通过最大化的纪实性完成历史文化的转换与现实表达。与之相比，央视所拍版本在叙事立场上的"自我"性会导致受众参与解码的意愿降低，容易造成受众主动性的缺失。从作品制作再到受众观看这一过程里，受众一直处于末端甚至是隐形的状态，从这个意义上来说，影视作品的解码过程也是单向的。

其次，由点及面的表现手法也使得丝绸之路题材纪录片在创作过程中流露出一丝刻板的印象。《新丝绸之路》第一集《生与死的楼兰》中，由考古队发现的神秘古墓，追溯到探险家斯文·赫定以及考古学家贝格曼在罗布荒原探险的第一手资料；由依第利斯和队员们对小河墓地的考古发现，引申到专家们对4000年前罗布泊地区气候环境以及小河人社会形态的分析；由干尸毛织斗篷上的七条装饰线，引出学者对小河人生活习性的猜想；由发掘出的墓室随葬品，发散到史书上对楼兰龙城的记载，继而引发对丝绸古道路线的思考。从具象物件的认识上升到对历史文化的思考，串联起了现在和过去，这种由点及面的表现方式，也是人文类纪录片普遍的叙事手法。《海上丝绸之路》第一集《穿越海陆》中，由泉州石狮开渔节盛况，追溯传承千年的出海仪式；由作为古代商船航标的六胜塔，引出海上丝绸之路"东方第一港"的辉煌历史；由南海沉船的挖掘，推测出南海航路空前繁荣的贸易景象；由东南亚以"三保"命名的城市、庙宇，引出郑和率领船队七下西洋的伟大功绩；由印度科钦海滩的标志性建筑，回溯"中国渔网"800多年的历史，印证了中国船队向西开拓航路的壮举；由亚历山大港的现状，追溯其因为东方贸易而繁荣的历史,肯定了阿拉伯人作为东西方贸易中介的重要地位……从现代生活中的某一点,引申出对丝绸之路历史的回顾,这样的叙事手法在丝路题材作品中已是屡见不鲜。

不仅如此,在镜头语言的表达上,丝绸之路题材影像作品中也出现了一些套路化的手法,比较突出的就是频繁使用的长镜头。"长镜头是与短镜头相对而言的,是在一个较长的不间断镜头里,通过推、拉、摇、移、跟等综合运动摄影这种空间连续的场面调度,完整地记录人和事物在一段时间内的运动状态,记录一个事件段落的全过程,目的是为了遵守空间的统一,从而保证时空的完整性和真实。"①长镜头强调叙事的真实性,因而在丝路题材影视作品中成了展现地理环境、回溯历史风貌的主要手法。《丝绸之路》的每一集中都有大量的长镜头画面,有的时长甚至超过一分钟。第一集《古都西安》中,镜头自北向南不断行进拍摄,在长达 66 秒的鸟瞰拍摄中,对西安的城市布局完成了全览式的记录,最后将镜头锁定在西安的标志性建筑钟楼之上。随后又是一个 30 秒的镜头,展现西安古城墙的面貌。拍摄中使用了手持摄影机持续拍摄的手法,试图为观众营造一种身处现场的感受,在漫游古城墙的过程中感知甚至触摸历史。随后,又出现了一个鸟瞰西安的镜头,向观众呈现西安这座古城现代化的样貌。在这里,长镜头的时空连续性凸显了古城墙的历史真实,也深化了古迹遗址与历史之间的关系,朴实感与厚重感分外明显。此外,《跨越黄河》中,运动长镜头展现了羊皮筏渡黄河的场景;《穿越天山》中,固定长镜头展现了火车驶向天山的情景;《火焰山下》中,运动长镜头鸟瞰了吐鲁番;《祁连山下》中,运动长镜头呈现了祁连山山脉连绵的样貌。这些丰富的长镜头成为纪录片实现纪实创作的特色手法,在真实复原现实生活和凸显历史主题的严肃性方面起到了积极作用。然而,不可否认的是,丝绸之路题材作品一般都趋向于表述宏大、严肃主题,再配以单调重复的长镜头手法,作品的观赏性就大打折扣了。也就是说,技术手段应是场景画面及作品整体质量提升的加分项,而不应成为纪实创作中的套路式运用。在对丝绸之路题材影像作品的分类梳理后可以发现,以长镜头、

---

① 谢红焰.电视画面编辑[M].北京:中国传媒大学出版社,2013:98.

空镜头等手法来展现丝绸之路的恢宏壮阔之景,用解说词明确主题内涵,通过音乐加以衬托并引发观众情感共鸣,几乎成了丝绸之路纪录片的惯用手法。总体来看,丝绸之路题材纪实影像的呈现手法不可避免地出现了单调重复等问题,作品在视听呈现方面仍有较为宽广的上升空间。

当然,也要看到丝绸之路影视创作中对新类型节目的探索。爱奇艺自制综艺节目《登场了!敦煌》,以著名主持人汪涵和流量明星钱正昊、谢可寅、李浩源为常驻阵容,通过"文化创新"和"年轻化"等关键词吸引青年观众的参与。节目组选择钱正昊、谢可寅等一批年轻艺人,为的就是通过艺人流量和名气来拓宽受众群体的边界,把长期痴迷追星的粉丝群体吸引到文化传播的议程中来。节目虽然从匠心、飞天、音乐、美食、风俗等十个主题维度切入了对敦煌文化的探索,却摒弃了厚重深邃的历史事件讲述模式,尽量以"敦煌探索团""敦煌有缘人"等综艺式手法营造轻松气氛。这档节目是两个不同领域的碰撞,也是对固定受众群体的一次拓展。总体上看,节目的拍摄手法、后期制作都体现了新时期技术手段的进步,每期节目的动作线都十分完整——明星艺人带领观众逐步探索敦煌、认识敦煌,最后致敬敦煌。但是节目播出后反响平平,常驻嘉宾的阵容也好,飞行嘉宾的引流也罢,都没有使这部筹备了一年的节目达到预期的效果。究其原因,还是在于流媒体平台的受众对于影视作品的偏好更注重娱乐性,《登场了!敦煌》虽然运用了综艺化的节目形式,其核心内容却并不具备流量竞争力。尽管如此,从节目的创作理念来看,《登场了!敦煌》在丝路题材影视创作方面的尝试,也不失为一种求变的新思路。

丝绸之路是沿线地区人民共同的精神纽带,丝路文化、丝路精神也是沿线地区人民共通的历史记忆。丝绸之路影视作品以影像为载体全面挖掘丝绸之路的历史文化内涵,真实呈现丝绸之路在新时代背景下的发展变化,完成了对共同历史记忆点的追溯和对未来前景的展望。丝绸之路影像构建的重要性既体现在经济、文化全球化发展的语境中,也体现在受众对于人类文明联通与传播的希冀中。因此,梳理并思考丝绸之路影像叙事中存在的现实困境是十分必要的。弘扬丝路文化精神,参与全球文化竞争,是时代大势所趋。为了充分激活影视市场、调动受众参与文化传播的积极性,应以媒介优势为文化传播赋能,以受众本位思维为驱动,培养和引导受众成为文化接受者,使受众能在产生精神认同后自觉参与文化传播。从文化传播的终极目的来看,丝绸之路题材影视创作注定是一个系统性的、长期性的国家文化工程。丝绸之路文化意蕴与精神内核的传达,需要影视创作者在长期的内容创作中进行改革与创新,逐步克服影像总量失衡、叙事同质化、叙事手法缺乏创新性等现实问题,从影像叙事的方方面面进行由内而外、自上而下的内生性转变,才能充分发挥影像艺术特性,使丝路文化精神得到有效传播。

第五章　丝绸之路影像叙事的策略研究

从古至今,有关丝绸之路的文化记录经历了丝帛、竹简、羊皮卷、图书、报刊、广播影视等不同传播载体的变化。影视作品凭借视听融合的独特魅力,在传递丝路文化内涵、促进沿线国家加深了解并寻找共识方面,表现出感受直观、传播迅捷、覆盖面广的诸多优势。中国丝绸之路题材影视作品,早期以纪实影像为主,随后电影电视剧作品大量涌现,再到综艺节目异彩纷呈,种类丰富,形式繁多。无论是过去诞生于20世纪的丝路影像作品,还是基于"一带一路"背景创作的新丝路影像作品,其围绕政治立场、艺术表达、经济战略而构建的叙事策略,都值得我们关注和探讨。

第一节　政治立场:把握大势,引领导向

在历史上,张骞作为汉朝的使者出使西域,才有了这条连通西方诸国的丝绸之路。在当下,习近平主席提出"一带一路"倡议,成为构建人类命运共同体的伟大实践。丝绸之路本身的政治意义不言而喻。中国的影视创作也紧随国家政策大势,涌现出大量丝绸之路题材作品,充分发挥了影视作品在引领思想方面的导向作用。

一、影像助力读解国家政策

2013 年,国家主席习近平出访中亚和东南亚地区,9 月在哈萨克斯坦纳扎尔巴耶夫大学作题为《弘扬人民友谊 共创美好未来》的演讲,提出共同建设"丝绸之路经济带";同年 10 月,在印度尼西亚国会发表题为《携手建设中国—东盟命运共同体》的演讲,提出共同建设"21 世纪海上丝绸之路"。这是"一带一路"倡议的雏形。2015 年 3 月 28 日,国家发展改革委、外交部、商务部联合发布了《推动共建丝绸之路经济带和 21 世纪海上丝绸之路的愿景与行动》,由此中国正式向世界倡议共建"一带一路"。"一带一路"倡议的提出,能推动丝路沿线各国的经济发展与区域合作,能促进不同民族之间的文化交流互鉴,也有利于维护世界和平发展局势。

从第一部电影的播放到电视的诞生,再到如今互联网技术推动下网络视频的迅猛崛起,纵观世界影视的发展历程,影像创作的题材选择、内容呈现、表达形式等都与各个时代的政治、文化、经济、社会因素紧密相关。作为党和国家文化事业重要组成部分的中国影视,在读解国家政策、导引社会思想趋向方面肩负着不可推卸的责任。大量影视作品在把目光聚焦到丝绸之路的同时,尝试将政治话语和国家政策融入作品的内容讲述、影像呈现和情感表达,这种柔性传播方式对广大观众的影响是潜移默化的,取得了较好的传播效果。

影视作品在读解国家政策时,通常会以老百姓息息相关的生活故事作为切入点。政策听起来是一个宏观的概念,但无论什么样的政策最终都要落到实处,终究会反映到社会生活的方方面面。看似普普通通的日常生活背后,实质上都有着政策大势推动的痕迹。丝绸之路影像作品通过讲述丝路沿线国家地区普通百姓的普通故事,记录他们的日常生活、衣食住行,聆听他们的心声,以此来展现与其相关的具体政策。受众在观看这些丝路影像作品时,会去主动寻找这些小故事与自己生活的相似之处,从而激发出情感共鸣,进而会产生对政策的关注讨论等。这些真实、直观、趣味的生活故事最能吸引观众,最能拉近观众与政策的距离。纪录片《海上丝绸之路》记录了 40 多个人物的故事,既有渔民、船长、工人、茶商、种植户,也有留学生、医生、艺术家、外籍老师、寺庙僧人。

这些最具有发言权的普通百姓，从切身角度讲述相关政策为自己生活工作带来的改变，使观众在一个个生动的故事中对影像所传达的政策信息形成了深刻认知，进而能够关心国家大事、了解政策导向，身体力行地成为政策的参与者、践行者。在这种多元叙事视角下，上层政令和民间的朴实话语交织，中国声音与外国声音同频，联袂奏响了丝绸之路上的华美乐章。

受定式思维的影响，政治话语的传播在受众眼里往往是枯燥生硬的。马丁·巴贝罗曾提出，广播电视技术的成就在于将国家这个政治意念转化为人们亲历的体验、情感和日常生活。换言之，"广播电视技术使得抽象的国家民族能够转化为具体可感的影像，唤起人们真正的归属感"①。因此，呈现令人共情的表现对象，挖掘适宜的艺术手法和技巧，潜心安排独特的政治话语编码，正是丝路题材影视作品通过影像读解国家政策的有效手段。成龙主演的电影《功夫瑜伽》，可以说是对"一带一路"倡议的积极回应。影片讲述考古教授陈杰克受印度博士委托，追踪碧玛将军及一批宝藏，展开了一场冒险寻宝之旅。影片中，中印两国人民为保护丝路文物而共同努力的主题，十分契合"一带一路"愿景中希望国与国之间加强合作互通的倡议。片中还呈现了许多带有明显印度色彩的场景，比如造型独特的印度建筑、充满异域风情的服饰和舞蹈等等。影片里的功夫和瑜伽分别成为中印两国民族元素的象征，二者的结合也喻示着中印两国之间正进行着深入的文化交融。丝绸之路沿线国家都有各自的历史背景和民族文化，各国的相关政策在对外传播过程中也可能会因为地区差异而产生一些误解，但是只要尊重国家尊严、民族信仰，尊重个体的价值观和相关权益，确保来自各个阶层、各个领域、各个国家的民众都有公平发声的机会，那么这些偏见与误会就能消除，这也正是丝路影像读解国家政策的初衷。

科技的发展加速了摄影摄像技术的进一步革新，带来了高清直观的影像效果，也获得了以前技术受限条件下难以完成的视角画面。这些摄制技术的更迭，促使丝路影像在拍摄方式、表达视角方面都更趋于多样化，不断拓展着影视作品的宽度和深度。尤其是在拍摄一些险峻路段时，通过高科技手段捕捉到真

---

① 李黎丹.央视春晚意识形态运行模式的变迁[J].现代传播,2011(5):30.

实路况的画面,能给观众带来身临其境般的真切感受。纪录片《对望:丝路新旅程》第一集《通往未来的路》中,镜头记录了喀喇昆仑公路中一条隧道的修建过程。喀喇昆仑公路是我国新疆与巴基斯坦之间的一条跨境公路,穿越了喀喇昆仑山、喜马拉雅山、兴都库什和帕米尔高原,是公认的世界级"天路"。这条路是中国援建巴基斯坦的公路,见证了中巴两国人民的友谊。航拍镜头从高空俯视而下,老虎嘴周围群山险峻乱石嶙峋,陡峭的山崖上巨石颤颤巍巍随时可能坠落,峡谷之下湍急的河流正叫嚣着奔向远方。观众在感受险恶环境带来的视觉冲击时,也能体会到施工人员为解决老虎滩路段的安全问题所付出的努力,才更能认识到"一带一路"倡议在促进中亚交流、内陆地区发展方面的积极作用。

为了准确传达政治信息、增强政策说服力,影像作品中往往需要大量数据作为支撑。有时候,为了避免数据的单调说教,还要对数据进行一些可视化处理,如使用条形图、折线图、饼状图之类的图表来使数据显得更直观,以增强数据的感染力。纪录片《一带一路》第四集《财富通途》在描述中国与周边国家的贸易数据时,解说词说道:"截至 2014 年,中国与毗邻的 11 个国家建立了 70 对边境口岸,开通了 289 条客货运输线路,总长度 4 万里左右;2014 年中国通过国际道路运输货物 3958 万吨,出入境货车 155 万辆次。"配合解说词,画面以动画的形式,将地图上的中国位置以高亮突出,展现中国在周边贸易与发展中起到的积极作用;同时,重要数据被放大加粗呈现在画面上,并配合生动形象的卡车剪贴画,一目了然地呈现出在丝路政策指引下中国与周边国家贸易往来的繁荣景象。可视化的数据让丝绸之路影像传播更为具体、真实,能让观众感受到"一带一路"倡议是友好互助、合作共赢之策,是构建人类命运共同体的务实之策,而不是虚有其表的空洞口号。在"一带一路"倡议的引导下,丝绸之路题材影视作品不断涌现,在读解、传递国家政策的过程中起到了积极作用。

二、影像话语承载中国梦想

"话语"一词作为术语最早出现在语言学中,法国思想家米歇尔·福柯赋予"话语"哲学内涵后,"话语"便广泛应用于社会学、历史学、经济学、传播学、政治学等诸多学术领域。话语可以看作语言与言语结合形成的丰富而复杂的具体社会形态,是与社会权力关系相互交织的具体语言方式。"话语是从社会中发展起来的表达语言或表达系统,其目的是表达或传播关于某个重要主题域的一套连贯的意义。"①斯图亚特·霍尔则在福柯的基础上提出:"话语是指涉或建构有关某种实践特定话题的知识的方式,亦即一系列观念、形象和实践活动,它提供了人们谈论特定议题、社会活动及社会中制度层面的方式、知识形式,并关联特定话题、社会活动以及在制度层面引导人们。"话语由一系列语言构成,怎样构建中国梦话语,也关系着展现怎样的国家形象。国家形象在现今的全球国家体系中已经成为一种重要的"信息资本"在传递、流动,国家形象也成为西方国家在跨文化传播中扩张掠夺的重要手段。由此,正如学者匡文波等所认为的那样:"国家形象是国家客观现实经过文化价值观、国家利益观、大众媒介三重偏曲后投射在国内和国际公众意识中的主观印象。"②

在过去的人类文明版图中,欧洲一直被认为是世界的中心,是文化生产的核心来源。"'欧洲中心主义'思想期望从单一观点来想象全世界,简单地把世界一分为二,即'西方的'和'非西方的',以西方模式推断东方文化、定义东方文化。"③电影等影像化呈现方式的诞生,对这种文化霸权主义和文化帝国主义起到了推波助澜的作用。荧幕内的话语由西方发达国家主导构建,对"第三世界"国家的描述大多狭隘主观。正是在这样复杂又深刻的全球文化格局中,丝绸之路沿线国家更需要加强自身的影像样态建设;也正是基于全球文化互通的理念,才更要改变文化传播中的单向思维,要从西方国家手中争夺话语权。争夺影像话语权的本质,是维护全球文化生态的多样性,其根本目的是实现世界各国影像表达的文化自主性。

2012年11月,习近平总书记将"实现中华民族伟大复兴,就是中华民族近代以来最伟大的梦想"定义为"中国梦",而"两个一百年"的奋斗目标则是中国梦的核心目标。中国梦以实现中华民族伟大复兴为导向,通过政治、经济、文

① 约翰·菲斯克.电视文化[M].祁阿红,张鲲,译.北京:商务印书馆,2005:23.
② 匡文波,任天浩.国家形象分析的理论模型研究:基于文化、利益、媒体三重透镜偏曲下的影像投射[J].国际新闻界,2013(2):94.
③ 张阿利,王璐."一带一路"电影样态生成与中国电影对外传播话语体系重构[J].艺术评论,2019(8):7-8.

化、社会、生态文明建设"五位一体"的总体布局，去实现国家富强、民族振兴、人民幸福。中国梦与世界各国人民的美好梦想息息相通，是和平、发展、合作、共赢的梦。

"一带一路"倡议作为串联沿线国家地区的纽带，其背后的人类命运共同体理念承担着引领人们共建人类世界美好未来这一使命。"'一带一路'是中国新时代全方位的开放战略，是推行新型全球化和全球治理体系的合作倡议，同时还是融通中国梦与世界梦、实践人类命运共同体的伟大事业。"①影视媒介是国家形象实现跨文化传播的优势载体。在中国梦的引导下，丝绸之路影像作品的内容叙事往往凝聚着国家信念和个体梦想。丝绸之路作为中国与沿线各国共同谱写友谊之歌的纽带，在向世界传播中国梦的同时，也启发丝路沿线各国发掘本国梦想的内核，在各国梦想的交流之中加深了解，求同存异。中国梦作为国家形象传播的核心理念，自2012年提出以来在各大媒介空间范围内被广泛传播讨论。丝路题材影视创作在构建叙事话语的过程中，将丝路梦与中国梦糅合在一起，力图通过影像载体发出中华民族在新时代的呼声。无论是政策释义还是民生百态，无论是历史溯源还是时代新貌，都或多或少诠释着中华民族复兴的梦想。

丝路题材影视作品在叙事上多将微观视角与宏观视角相结合，从以人为本的平民化叙事策略出发，层层递进，最终以个人梦想映照国家梦想。在具体形式呈现上，这些影视作品多以个人经历为叙事线索，展现丝绸之路上无数道平凡的身影，讲述日常生活中的平凡故事。平民故事最贴近生活，往往也最能触动人心。今天的事虽然发生在当下，但也倒映着历史的身影；丝路城市虽然在现代化建设中发生着日新月异的变化，但也能在寻踪觅迹中窥见过去的风貌。普通人不仅是丝绸之路的听闻者、沿线周边地区的居住者，更是新丝绸之路的见证者、参与者、受益者，同时也是丝路文化精神的传播者。普通人背后的小故事承载着丰富的内涵，他们不仅记录了丝绸之路促进经济发展、文明建设、文化交流的全部进程，也见证了国与国之间的深厚友谊、人与人之间的真挚情感。

---

① 王义桅.中国梦的世界意义与文明担当[N].人民日报海外版,2018-02-22(1).

在《远方的家》栏目特别节目《一带一路》，有闽东茶叶之路上薛立群兄妹对父亲事业的传承和创新，有大学生杜赢创办茶园、振兴家乡的美好梦想，有中国石油哈萨克斯坦阿克纠宾公司员工让娜尔古丽希望油田产量稳定、儿子从中国留学归来后能够继承石油人事业的微小愿景。纪录片《一带一路》中也几乎都是这种微小的叙述：吉尔吉斯斯坦巴勒克奇市的小女孩卡米拉坐在火车站台旁，渴望坐着快速行驶的火车去看看外面的世界；巴基斯坦在地震后修建的板房学校里学习的曼娜扎，每天要赶在太阳落山之前做完老师布置的作业，她的梦想是学校和家里能有足够稳定的电力，能在光明之下学习和生活。个人视角与宏观视角相结合的叙事方式将丝路历史文化与丝路人民现实生活描写得更加生动立体，也提升了影像的审美价值。此外，平易近人的故事内容也更有利于打破国与国之间的界限，让各国人民间的交流变得亲近而深刻。"梦想"永远都是人类为之着迷的事物。从远古时期钻木取得的星星之火，到现代社会中平地起高楼的万丈豪情，一个个渺小却实在的"个人梦"汇聚到一起，将点点星光无限放大，使微弱的力量无限增强，最终才有"国家梦"的宏伟广袤。事实上，在任何时代，国家的发展兴旺都体现在每一个平凡人对梦想的向往与追求之中。丝绸之路题材影视作品正是通过对微小人物立体多面的生活化讲述，形成人们对梦想的心理共鸣，进而激发人们对丝路精神的情感认同。个人之梦与国家之梦终究重叠在一起，映照出丝路人民对未来生活的美好愿景。

中国梦不仅仅包含着每一个中国人的个人梦，中国梦也是全球视野下国与国之间携手并进的世界梦。中国梦的本质是国家富强、民族复兴、人民幸福的梦，是实现中华民族伟大复兴的梦。放眼全球可以发现，中国梦与全世界各国的美好梦想是相通的，它是和平、发展、合作、共赢的梦。在过去，丝绸之路的开辟就源于古代中国人希望连通世界的梦想；在当下，丝绸之路的重建依然秉持的是人类命运共同体的理念。多面立体地展示中华民族传承数千年的文明成果，分享丝绸之路建设过程中的中国智慧和中国方法，阐释中国与世界共通的价值理念，是丝绸之路影像传播的意义所在。《海上丝绸之路》第七集《蔚蓝梦想》中，耄耋之年的土耳其老大爷阿巴斯对伊兹尼克瓷的执着热爱，对这项传统技艺的延续和保护，体现了文明传承过程中个体生命的强大责任感；肯尼亚女孩莫琳受到来自中国路桥公司员工王均祥和关铁君的资助继续完成学业的故事,闪现出超越国家民族界限的仁爱之心,也与丝绸之路文化中蕴含的互助精神不谋而合。纪录片《玄奘之路》中,僧人玄奘从长安出发穿过河西走廊,翻越崇山峻岭,走过大漠荒原,最终求得真经的历程,呈现的是不惧艰险、执着追梦的丝路精神。丝绸之路题材的影像创作并不仅仅展示中国的传统文化,它们在展现中华民族固有民族精神的同时,也表达了人类共通的价值理念和审美情感。影视创作者主动寻找世界不同国家与地区的文化元素,在人类共同的情感内涵中挖掘相通的精神内核,通过不同国家、民族的文化交流,引发情感共鸣。从这个意义上来说,丝绸之路是一条和平之路、文明之路、繁荣之路,丝绸之路的重建对构建人类命运共同体、完善全球治理体系意义重大。丝绸之路带来的共同繁荣,充分诠释了中国梦既能造福中国,也能造福世界。《一带一路》《海上丝绸之路》《河西走廊》《丝绸之路经济带》《从父辈的土地到祖国:丝绸之路》等影像作品,都将中国梦融于世界语境之中,展现了全球化背景下中国与世界的关联。在丝绸之路上,勇于冒险、敢于拼搏的精神仍在延续,锲而不舍、坚定不移的信念仍在闪耀,合作共赢、兼济天下的理想也仍在发光,这正是丝路影像从国际化视角思考丝路文化内涵、展示中国梦的意义所在。

三、主流媒体构建主要影像阵地

"……主流媒体是相对于众多非主流媒体而言的。一大群媒体中,影响力大、起主导作用、能够代表或左右舆论的媒体,才能称为主流媒体"[①],主要是指中央、各省市级的党委机关报和中央、各省市级的广播电台、电视台,以及其他一些大报大台。新闻出版总署报刊司副司长王国庆也曾指出,主流媒体就是承担重要的宣传任务和功能,覆盖面广、品牌性强、影响力大的强势媒体。

在构建影像丝绸之路的过程中,中央电视台、各省市电视台、国内文化机构、国外电视台和文化机构,都在通过不同方式进行文明的传承和文化的传播,充分发挥着主流媒体在文化导向中的作用。以中央电视台为例,作为国家电视

---

① 周胜林.论主流媒体[J].新闻界,2001(6):11-12.

台,央视始终坚守"国家责任、全球视野、人文情怀",基本建立起了覆盖全球的立体多样、融合发展的国际传播体系。中央电视台先后两次拍摄《丝绸之路》纪录片,在不同年代都切实担负起了丝路文化传播的历史使命。1979年初次拍摄时,我们还沉浸在"文明古国""地大物博"的自我欣赏和膨胀阶段,拍摄过程不仅开通专线,还动用了军队。而26年以后,我们看世界的方式变得多元化,我们审视自身和看待世界的方式也回归了理智,所以第二次拍摄有意回避了"全景展示""波澜壮阔"的习惯,选择十个场景,加入了不少感情和看待历史的正确方式。比如敦煌壁画,虽然一直人为保护但是仍不断消磨损毁,片子中也提出了对现有文物如何保护,敦煌这样的文物到底能够再存在多久,诸如此类的新思考。《新丝绸之路》的主旨在于记录现在、重现过去,在沙漠的深处寻找文化遗迹,给人们希望和启迪。片中记录了最近几年新发现的考古成果,给人们展示了西域先民的生活和文化,对印欧人种从草原世界打通到绿洲世界的道路给予了解释的根据,也给西域古代史以更多的线索;片中也记录了现在丝路沿岸部分生活生产习俗的继承。在记录这些文化元素的时候,导演选择了严格的客观和真实,在此他们坚持着属于纪录片的纪实艺术;而当现代人面对有限的历史文明痕迹,更多的是科学的推测,甚至是很多的想象和猜测,无论是片中对原始先人生活场景的再现,还是关于古西域若干故事的猜测,辽阔的戈壁将一切生命衬托得格外醒目,在丝绸之路绝大多数地段,这一现象令人感动。这个主题更多是讨论地域和群体的文化,其兴趣点大多不在帝王历史上,所以具有别样的魅力。综合来看,26年后的丝路重拍,不仅仅是技术的更新,内容的更新,新科考成果的展示,更是当代的我们思想的成熟,是我们更客观、更理性地记录历史的一种成长。

自"一带一路"倡议提出之后,央视每年都会制作播出大量丝绸之路题材纪录片作品,如《河西走廊》《一带一路》《丝路:重新开始的旅程》《穿越海上丝绸之路》《丝绸之路经济带》《丝路歌声》等。这些纪录片集中展现了"一带一路"沿线地区的地理环境特点和文化历史风貌,记录了当地人们真实的发展状况和生活情态。同时,央视还精心制作了许多特别栏目板块。例如:中文国际频道特别节目《大道共赢》,由记者实地采访中资企业在巴基斯坦、印尼等国家的项目工作人员,并邀请部委领导及权威专家点评具体案例,宣传报道了中国企业助推"一带一路"的丰硕成果;中文国际频道的大型日播旅游栏目《远方的家》也推出了特别节目《一带一路》,围绕"一带一路"主题介绍沿途国家自然风景、人文景观,记录当地人民日常生活故事;新闻频道推出《穿越千年航拍丝路》栏目,对世界各地的"一带一路"代表性项目进行航拍,以无人机的视角展现"一带一路"欣欣向荣的建设景象。

中央广播电视总台作为国家媒体,是对外传播最重要的窗口,需从宏观政策上加强调控,积极运用纪录片影像媒介对中国精神、中国价值、中国力量等方面进行展示,讲述中国特色社会主义发展道路与发展经验,为世界观众直观呈现当今的中国。[①] 中央广播电视总台的地位决定了其在文化宣传、思想引领方面的重要作用。中央广播电视总台制作播出的丝绸之路影像作品,响应"一带一路"倡议的号召,也得到了国家层面的大力支持。这些影视作品重塑了新时代语境下的中国形象,促进了中国与其他国家之间的文化交流。纪录片《大国外交》由中宣部、新华社、央视联合推出,全方位解读"一带一路"重大倡议;《一带一路》由中宣部、国务院新闻办"纪录中国"传播工程重点立项,是中央电视台科教频道的倾力之作。在中央广播电视总台的率先垂范下,丝绸之路题材的影像创作呈现出百花齐放、百家争鸣的局面。

与中央电视台两次合作进行《丝绸之路》拍摄的 NHK,也是日本的主流媒体。NHK 是日本第一家根据《放送法》而成立的大众传播机构,在日本的广播领域担负着先驱者性的任务。NHK 纪录片《丝绸之路》是 20 世纪 80 年代中日关系蜜月期的产物。作为促进两国文化交流的项目,两国的国家电视台——CCTV 和 NHK 尽遣精英,深入中国腹地及近东地区直至整个亚欧大陆桥拍摄。当年,无论是在日本,还是在中国,《丝绸之路》的播出都引起了空前的轰动。《丝绸之路》至今仍保留着日本电视史上评价最高的纪录片这一地位。此后,NHK 多次拍摄制作丝绸之路系列纪录片,在日本和中国都取得了强烈

---

① 参见:余传友.影像外交:对"一带一路"语境下央视大型纪录片的解读[J].电视研究,2019(6):34-35.

反响。

文化传播的最终目的是完成传播效果的实现,而纵观整个传播环境和传播场域,毋庸置疑,总体传播图景仍是由主流媒体来构建的。在当前以南方丝绸之路为表现主体的影像作品中,主流媒体的传播无疑也是最大的推动力。《茶马古道》纪录片系列,多次在中央电视台纪录片频道播出,很多观众对南方丝绸之路的了解,就源于该片对茶马古道的介绍。茶马古道被誉为"南丝绸之路",穿越横断山脉景色最壮丽的地区,沿线民族文化丰富多彩。有布达拉宫以及西双版纳和喜马拉雅—阴一阳神秘的"两极"文化,还有热带雨林、苍山洱海、东巴象形文、丽江古城世界文化遗产、横断山脉、"三江并流"、香格里拉等文化景观。不同民族的生活画卷在延续千年的茶马古道上呈现出社会生活的万千气象。同时其沿线地势差异较大,地质结构复杂。茶马古道是世界上海拔最高、最险峻以及环境最为恶劣的古道,是目前仍在部分运行的古代商道。茶马古道文化的记录和研究价值,以及文化传播的必要性不言而喻。茶马古道集各种研究和开发价值于一身,无论是其文化景观还是地理景观,不管是其文化意蕴还是现实意义,都深深地吸引着国内外对西藏有着各种情结和幻想的人们的眼球,尤其成为各领域专家学者的研究热点和纪录片制作人的拍摄天堂。

从《茶马古道》纪录片中我们得知,和起源于中国北方的丝绸之路不同,茶马古道自古以来没有发生过大的战争杀伐和流血征服。丝绸之路开始于国家安全的需要,而后逐渐在战争的烽火和防卫的硝烟中成为一条商贸和交流之路。而茶马古道一直是一条和平之路、商贸之路、文化交流之路和各民族共同发展、共同繁荣之路。"这条路上川流不息的主要是由人和马帮组成的商贸队伍,以及各种商品货物,是闪着光芒的金银货币、盐巴、糖、丝绸、珠宝等各地方土特产品。而给了这条古道名字的,则是一种叫做茶树的神奇植物。"[1]延展在中国北方地区的丝绸之路,在发展和繁荣着商业文明的同时,为中国的内地带来了以佛教等为主的文化因素。而穿越在大西南和南亚次大陆的茶马古道,则在同样有着浓厚的宗教文化交流的同时,还带来了多民族文化交流的气息。这

---

[1] 引自纪录片《茶马古道》第一集《高原血脉》。

条道路的沿途,分布着傣族、藏族、白族、彝族、怒族、基诺族、纳西族、哈尼族、布朗族等 20 多个民族。就是沿着这条古道,多民族文化开始碰撞和交汇,从而产生了大西南独具特色的民族风情和文明创造。

而由西藏自治区对外文化交流协会出品的《茶马古道》同名电视剧,其主要播出平台也是中央电视台一频道和中央电视台网络频道。作为国家大台,中央电视台在现代传播过程中担当着重要的角色。除了作为播出平台,中央电视台还和地方电视台以及地方传媒集团合作,大力打造丝路文艺精品。比如,中国与缅甸合作拍摄的传奇历险武侠电视连续剧——《舞乐传奇》,就是由中央电视台、云南省委宣传部、缅甸宣传部国家影视管理局、云南广播电视台、云南广电传媒集团有限公司、海润影视集团、云南润视荣光影业制作有限公司联合出品的。《舞乐传奇》是以舞乐为载体、以歌颂和平友谊为主题的古装大剧。该剧以公元 802 年骠国(缅甸古国)王子舒难陀率"骠国乐团"出使大唐献乐这一历史事件为主线,再现了 1200 多年前南丝绸之路多姿多彩的文化交流盛况。文化的传播离不开主流媒体的推动和助力,在对南丝路文化的挖掘和弘扬过程中,央视等主流媒体对引导文化传播的大方向起到了不可忽视的作用。

就丝路文化传播来说,主流媒体的引导除了重视对丝路文化资源的挖掘和整理,建立了相关文化遗址和纪念建筑之外,还要以建设经济、文化强市为目标。各级政府也应该充分运用主流媒体的导向优势,依托丰厚的地方文化资源,大力弘扬丝绸之路沿线城市的文化精神,塑造丝路精神的品牌形象,打造丝路文艺精品。

第二节 艺术表达:情理兼顾,心心相通

丝绸之路题材影视作品不仅是蕴含时间维度的艺术,展现着历史、现实与未来的时间印记;同时也是体现影像创作的艺术,运用灵活多变的创作手法将丝路故事娓娓道来;还是情感交流的艺术,以影像唤醒民众情感共鸣、促进国与国之间民心相通。

一、情理兼顾,融合主观客观双重视角

叙事学是法国结构主义文学理论的一个分支,最早诞生于 20 世纪 60 年代。法国学者茨维坦·托多罗夫于 1969 年首次提出"叙事学"概念,认为叙事学是"关于叙事结构的理论"。视角或聚焦是叙事学中的一种术语,是叙述过程中的视角处理问题,也如同托多罗夫所说的那样:"在文学中,我们从来不曾和原始的未经处理的事件或事实打交道,我们所接触的总是通过某种方式介绍的事情,对同一事件的两种不同视角便产生了两个不同的事实。事物的各方面都由使之呈现于我们面前的视角所决定。"①通常,叙事学理论会将视角或聚焦划分为:零视角(零聚焦)、内视角(内聚焦)以及外视角(外聚焦)。零视角是指作者以类似上帝的视角对事件进行全知全能的叙述,内视角指从文本中特定的某个人物的角度展开叙事,外视角则是文本从旁观者的角度叙事。其中,内视角往往具有主观特性,而零视角与外视角组合常常营造出具有客观性质的叙事视角。

文学范围的视角问题通常只能从文字着手分析,但影像的视角问题则是镜头与解说词的双重结构。纵观丝绸之路影像作品,我们能够观察到创作者在进行内容叙事过程中对叙事视角的选择与审美。大多数精彩的影像作品既关注零视角与外视角对影片叙事的宏观统筹作用,又注重内视角下影片人物特性的细腻刻画。具有客观性质的零视角、外视角与具有主观性质的内视角在影片中的结合,使影片既具有客观冷静的理性思维,同时也流淌出动人细腻的感性情怀。

以纪录片《玄奘之路》为例,在第三集《生死兄弟》中,影片从客观的零视角切入,全知全能地从高昌国的历史来历、高昌国的佛教渊源、高昌国在丝绸之路中的独特地位等角度介绍高昌国,并以此铺垫出高昌国王对汉文化的向往,以及挽留玄奘为其所用的决心。在零视角下,影片的编导就成为片中的叙述者,他们直接掌握着影片发展的走向,能够穿梭于影片的各个地点、各个时间,从宏

---

① 王泰来.叙事美学[M].重庆:重庆出版社,1987:27.

观整体上勾勒出事件的缘起因果，反映出事件的发展全貌，为观众带来充分可靠的观看信息。通过叙述者一系列巧妙的文本安排，观众能够迅速准确地接受影片的定性和定论，减少了观看时遇到的理解障碍。在第八集《西天取经》中，影片镜头则选用外视角叙述，通过旁人的引领展示曾经那烂陀寺院留存的贝叶经，经书制作的烦琐复杂也从侧面体现出僧人修行付出的耐心与经历的磨炼。这种全知全能的客观叙事视角有着极具权威的中介眼光、客观冷静的叙事风格，叙述者就像全能的上帝一样观察事物，并将其所观察到的事物按照一定的逻辑叙述给观众。对无需再次演绎推理的那些已发生过、存在过的客观事实，就可采用客观的叙事视角进行宏观、全面、真实的叙述，在有条理地反映事件原貌的同时也极具信服力。然而，随着影片创作观念以及叙事方法的不断更新改变，仅依靠全知全能的客观视角进行叙事表达存在一定的局限性。客观视角在向观众讲述清楚故事内容时，本该欣赏探索的观影过程变成了被动告知和接受。这种客观视角的叙述在引导观众思维前行的同时，也存在损伤影片戏剧性的可能，使得观众难以产生代入感和观影兴趣。

除了使用具有客观性质的零视角为影片进行背景介绍和基础铺垫，《生死兄弟》一集中还运用了大量具有主观性质的内视角与其综合平衡。"内视角既含有心理上的，也含有视觉上的限制。叙述者表现的仅仅是这个人物所看到的，好像他是通过这个人物的眼睛看到的，或者是作为'不可见的目击者'站在这个人物身边。"①例如在叙述高昌国王赠送大量车马黄金、举国挥泪送别玄奘西行印度时，影片以场景再现的方式由演员演绎当时情境下的不舍与感动之情。其中，在呈现玄奘的情感流露时，加入了玄奘的内心独白："我十岁时父母双亡，只能栖身佛门，二十年来四海为家，飘零至今，何曾有过这种亲情。"内视角的叙述方式更贴近人物，通过这一人物的眼睛去观察，原则上将会倾向于接受由这一人物所提供的视角，让观众在观看影片的过程中进入人物的世界，甚至与人物产生情感共鸣。因此，通过影片细腻深情的主观内视角，观众能从中体会到玄奘一生的坎坷与不易，也为玄奘和高昌国王之间浓厚的兄弟情谊感到

---

① 陈一.纪录片与国家形象传播[M].北京:中国人民大学出版社,2019:131.

动容。在影像中,主观视角的准确运用能产生极强的情境带入感,给观众以心灵震撼。此外,通过影片人物之口,用亲历、讲述、目击等方式展开叙述的主观内视角并不意味着影片的编导放弃了对影片的管理与控制,从原本对影片宏观主导的叙事者变更为以某个人物的内视角来进行表达,这意味着编导对影片人物的尊重,也体现了编导在全知全能地把握事件上的局限性。

和纪录片《玄奘之路》相似,大多数丝绸之路影像作品中或多或少地出现了主客观叙述视角的巧妙结合,这使得影像在内容叙事上既呈现出冷静、沉着的理性叙事感,又散发着充满剧情想象与饱满真情的感性叙事感。丝绸之路题材的影视作品从过去的不断摸索创新,再到如今渐渐成熟,拥有自己的创意模式,主客观叙事视角正在被不断综合运用于各种类型的叙述情境中。透过丝绸之路影像,观众能切实感受到丝绸之路的宏伟壮阔与其中细腻的情感脉络和人文情怀。

二、虚实相生,技术手段强化沉浸感受

自汉朝张骞出使西域以来,丝绸之路这条连接西方各国的古老道路已绵延不绝了两千余年。以丝绸之路为茎干,沿线各民族各区域依靠丝路绽放出许多灿烂的文明花朵。其中有古老神秘的城池部落、几近失传的传统工艺、悠长久远的历史事件。影像在对这些内容进行呈现的时候需要视听兼备,然而很多历史事件和历史场景却没有留存影像和声音的资料。在这种情况下,唯有通过各种技术手段进行场景再现才能准确形象地完成叙述。真实发生的历史事件与后期补充式的场景再现手法形成了现实与虚拟的对照,两者相互结合,能为观众营造身临其境的沉浸感受。

"'场景再现'是一种常见的影像创作艺术手法,它以客观事实为依据,通过搬演或再现的形式展示出客观世界已经发生过的事件或人物特定的心理活动。"①场景再现的重点在于"再现",这意味着事件已经发生,但没能及时记录,所以影像创作者事后展开了对原始影像的重建。这种创作技巧弥补了影像叙

①　胡智锋,江逐浪.“真相”与“造像”:电视真实再现探秘[M].北京:中国广播电视出版社,2006:1.

事单一、情节单调的不足。以丝绸之路为题材的影像作品在叙述那些难以直接呈现的历史画面时，往往综合运用表演式、电脑特技式、口述式三种再现手法，以起到还原现实、重现历史的作用，将那些已经消失的画面重塑于观众面前，给观众带来真实直观的感受。

表演式再现是指运用搬演乃至扮演等手法，对已发生但未被摄影（像）机记录下来的场景进行补拍，让真人在精心营造的模拟情境中演绎历史。[①] 在丝绸之路影像创作中，表演式再现是一种常见的方式和重要的理念，它以表现剧情特征突出的人物故事见长。对历史文化类影像来说，如何完美塑造与历史人物贴近的形象，是影像创作的困难所在。旁白解说词也许能够帮助塑造人物形象，但它始终还是停留在文字的层面上，带给观众的想象依旧局限，远不及视觉画面更加触及心灵。纪录片《玄奘之路》就运用了大量表演式场景再现手法。影片要求演员在外形上要尽可能地接近历史记载中的玄奘，演员举手投足间也要有玄奘的气质。为了扮演好玄奘这一角色，演员王新源曾到法源寺和中国佛学院体验角色；为了在外形上更贴近玄奘，他甚至用僧人"日中一食"的方法减轻体重。拍摄过程虽然艰难辛苦、一路风尘，但是塑造出的玄奘形象却十分鲜活真实，给观众带来如见其人、如经其事的震撼感受。这类影片在采用表演式的再现方式时，也会注重在尊重历史的前提下获取各种再现的历史场景。例如，在历史场景的发生地，以演员表演的方式连接过去与现在、整合虚拟与现实，所有演员都不采用同期声而只依靠画外旁白进行解说；影片多采用照片、实物、文献资料等真实材料，配合演员的表演式叙述；片中尽量避免演员的面部特写，只有涉及重要历史人物时才会出现扮演者的特写；影片常将绘画、雕塑、风景等画面元素穿插于片中，以打断演员扮演的连贯性。虽然生动还原历史事件的表演式再现使丝绸之路影像更具表现力和视觉美感，但在历史文化类影像作品中大量运用剧情表演的形式仍受到了一些质疑和批判。表演式再现的手法有它的独特优势，这需要影片编导把握好使用分寸，进行准确的历史考证和具有正视文化的严肃性，以不断发扬丝绸之路影像中史学价值与人文价值的独特

---

① 倪祥保，邵文艳.纪录片专题概论[M].苏州：苏州大学出版社，2009：162.

艺术魅力。

虚拟场景的广泛应用得益于影像技术的不断更新进步,动画虚拟技术成为历史文化类纪录片解决拍摄难题的关键性技术。它为历史人文纪录片提供了新的表现手段,使得原本只能通过语言描述的宏大历史场景的视觉化呈现成为可能。[①] 计算机成像技术(computer graphic,CG),是指利用软件在电脑中构建虚拟画面。它不受时间、空间、地点、条件、对象的限制,利用具体形象的表现形式将抽象复杂的内容和概念简化生动地表现出来,给观众带来震撼的视觉体验和心灵感受。电脑特技式的再现技术,能将普通的丝绸之路影片变成炫目的电影大片,影片的情节展开也如同电子游戏一般,具有戏剧化奇幻色彩。例如,泉州德化县的月记窑是拥有四百多年历史的柴烧龙窑,如果仅依据解说词的描述进行理解,观众很难体会到"龙窑"这一名字的内涵。纪录片《海上丝绸之路》通过CG技术模拟出月记窑的动画模型,宏大的窑炉场景与精致的细节设计被推至观众眼前,具体展现出月记窑"依山而建、自下而上、如龙飞舞"的特点,声与色的冲击带来令人震撼的视听体验。

一般标准下,CG技术运用于丝绸之路影像中应给观众提供强烈的视觉震撼;但从更高的要求来看,这些电脑特技化技术所再现的内容应与影片呈现的内容密切缝合,从而帮助观众深化对影片的理解。例如在纪录片《新丝绸之路》之《生与死的楼兰》中,介绍小河墓地时,由于小河墓地早已因风沙侵蚀而消失,原来的形象已无法通过摄影机直接拍摄,只能通过实地考古和文献研究对小河墓地的样貌进行猜测和还原。因此,影片为了让观众更直接清楚地认识小河墓地的独特形象,采用CG技术还原制作了小河墓地的画面,并使其呈现出由建成时的崭新样貌慢慢被时间和风沙侵蚀成一片狼藉的过程。同时配合的画外音解说道:"小河人似乎不惜任何代价,在这极易迷失方向的沙漠中,为部落的王者贵族建造了死者殿堂,之后他们便切断水流,关闭了生死两界,任凭风沙肆虐,也绝不让外来者侵扰。"历史文化类影像最困难的地方在于对过去已消失的场景进行客观真实的重现,然而CG技术很好地解决了这一难题,为该类影片

---

① 参见:李共伟.纪录片中的3D新势力[J].中国电视,2013(11):31.

提供了新的表现手段，使早已物换星移的时代和物是人非的场景能够以影像的方式获得重生。在 CG 技术的作用下，小河墓地通过影像以几近还原的面貌向观众展现它的独特与壮观，将宏大抽象的历史场景转化为具体形象的视觉影像。因为电脑特技式的再现技术，丝绸之路影像的创作者能在准确表达历史文化的基础上，进一步实现影片审美的创新。

相比表演式再现与电脑特技式再现，口述式再现是指邀请相关专业人士用口述的方法再度呈现历史中的相关人物与事件。口述式再现与电视采访的方式较为接近，因此既有虚拟特征又符合纪实原则，呈现出虚实相生的特点。口述式的拍摄方式在一些历史题材的影片中十分常见，主要方式是采访历史事件的当事人、知情人或者是对历史事件有专业研究和独到见解的专家学者。而通过采访获得的同期声更是影像制作过程中重要的元素之一。口述者的声音是观众能通过影片直接感受到的事物，合理运用同期声能够为画面增加真实感，从而将叙述者语言描绘历史场景的虚拟感抵消中和，使观众产生代入感与沉浸式参与感。在丝绸之路影像作品中，有许多运用口述式再现的地方。例如在纪录片《新丝绸之路》第六集《敦煌生命》中，介绍了从公元前 366 年以来历朝历代敦煌莫高窟的发展，在介绍明朝时期莫高窟的情况时，影片借用敦煌研究院院长樊锦诗的采访口述再现了当时的情况："明朝政府封闭嘉峪关的时候，这个地方就全部内迁了。这一迁以后呢，尽管还在明朝的版图里边，可是原来的修窟的这些主人，他的后代都迁走了，从此这几百年都没人管了。"通过专家寥寥几语，观众就能快速了解到特殊历史时期下敦煌莫高窟的异常状态。这些被影片邀请进行口述式再现的人，因为与事件有着紧密联系或是具有特殊的身份地位，所以其口述内容往往具备一定的可信度与权威性，他们的观点也能代表主流思想，进而对丝绸之路影像起到推广的作用。此外，当需要呈现专业性较高的内容时，如果仅依靠画外音进行大篇幅的解释灌输，难免空洞乏味。而录制相关专家学者进行讲解的影像画面，运用现场同期采访的方式就能打破只有单调的解说词和单一影像画面的视听局限性，从而帮助观众更加准确、轻松地理解影片内容。

三、情感共鸣，促进广大民众心心相通

"感人心者，莫先乎情。"在引导舆论、传递价值的过程中，只有使受众之间产生了情感共鸣，才能进一步用内容打动受众的心灵。丝绸之路并不仅是一条商业之路、文化之路，同时也是一条饱含各地区、各民族人民真切情感的情感之路。丝绸之路影像从历史记忆、共同情感入手，抓住丝绸之路串联在广大民众之间的情感共鸣，从而促进民众之间的心心相通。

"以文字和记忆为主要媒体的文化记忆，对民族主体性的形成有着直接的影响。它以类似于集体灵魂的价值观念体系为核心，经过政治及文化精英的维护处置而外化为文本和仪式，二者在互动中共同塑造一个民族的整体意识和气质。"①文献、资料作为一种"冷记忆"的文化形式，承载着传递历史、延续记忆的作用。而在现代世界，影像作为记录、传播文化记忆的最好方式，能将原本记载于史卷文献中的历史记忆以影像画面的形式进行生动呈现，完成现代与历史的隔空对话，使历史记忆能够以适应现代社会的形象继续延续。

因此丝绸之路影像从历史记忆出发，摸索历史走过的痕迹、揭示历史前进的规律，为观众打开了一扇回顾历史、了解过去的大门。影片串联古今，对激活民众共同的文化记忆、寻求共有的文化基因有着重要意义。在纪录片《从长安到罗马》中，无论是庞贝古城中庭宽大的古民居，还是长安坐北朝南的对称深宅，古人都在寻找着优质的生活方式；无论是唐代长安的酒肆，还是古罗马庞贝的酒吧，都寄托了两地人民的灵感风雅和真情流露；无论是唐代银香囊中暗藏的陀螺仪技术，还是古罗马广场祭祀时展现的物理学和机器学，都映照出祖先智慧的火种。无论是身处东方还是西方，我们都能从丝绸之路影像呈现的历史记忆中寻得生活里似曾相识的身影，两地人民的共鸣在历史记忆的交集之处得以展现。

丝绸之路由"人"一步一脚印地开拓出来，漫长的丝绸之路布满了商人、使者、僧侣们的足迹。他们走过的足迹也正是历史留下的痕迹。当我们想要在历

---

① 王霄冰，迪木拉提·奥迈尔.文字、仪式与文化记忆[M].北京：民族出版社，2007：21.

史痕迹中找寻共通记忆时,这些人物的传奇经历就成了一种索引。丝绸之路影像将这些历史人物绘成一条影像长廊,通过直观生动的视觉形式,向观众传递着湮没在历史烟尘中的丝路记忆。纪录片《河西走廊》中霍去病抗击匈奴、血洒边疆的豪迈悲壮;电影《大唐玄奘》中玄奘历经各方磨难、西行求佛的坚定不移;纪录片《马可·波罗:从历史走入现代》中马可·波罗翻山越岭,来到元大都时的惊喜惊讶;电视剧《郑和下西洋》中郑和七下西洋,向世界弘扬中国和平友好精神……丝绸之路影像的创作者通过捕捉历史痕迹,将这些古往今来誉满全球的历史人物编织成鲜活的影像,从而唤起广大民众心中共同的历史记忆,在将源远流长的丝路文明传播于世界的同时,也让丝路文化内涵印刻在世界人民的记忆中。

丝绸之路作为最早连接东西方的大通道,其贯通发展体现出沿线民众的交流欲望。正是这种强烈的欲望,才使得丝绸之路穿越千年、延续至今。丝绸之路开辟的初衷是为了商业交流、贸易往来,它将古代中国的丝绸、瓷器、茶叶销往遥远的欧洲,将中国四大发明等先进工艺技术传播至大陆海洋的另一端。但丝绸之路的作用并非仅此。随着丝路经济贸易的繁荣,各民族间的交流也随之日益频繁。商业往来增进了民族间的信任和理解,在互信互利的基础上,思想文明的交流也愈见活跃。从古老的东方到遥远的西方,国与国之间在相互了解的过程中探讨出共同关注的话题,这些普世性话题反映了丝路各国人民的共同梦想、共同价值观念。丝绸之路影像将创作聚焦于丝路民众日常生活中的普世性话题,从这些话题中寻找共鸣,以增进各国人民的情感认同、达到心心相通。

传统文化的认同和传承,是每个民族都热切关注的话题,具有极高的讨论度和一定的普世性。《远方的家》特别节目《一带一路》记录了不同国家不同民族对传统文化的传承和保护:在中国闽南地区,刘团结坚持酿造同安古法酱油,延续闽南人忘不了的家乡味;印度尼西亚艺术家狄迪科开设舞蹈教室,传承传统的爪哇宫廷古典舞蹈;东非草原肯尼亚的马赛人穿戴独特的民族服饰、唱跳民族歌舞,传承狩猎文化;在巴基斯坦的陶艺手工坊中,穆罕默德·萨尔曼依然沿用着传统方法制作陶器;柬埔寨的吴哥窟文化在中柬两国演员参与的大型实景演出的碰撞下,绽放出新火花;科特迪瓦最大的民间艺术品市场,西非民族特色的怪诞面具琳琅满目,形状独特的乐器巴拉风和科拉琴声音动听。片中的民众生活在不同国家、不同地区,有着不同的民族风俗、文化背景,但在对传统文化的传承上却有着共同的观念,因此观众在观看过程也会对这类话题产生亲切感与熟悉感。

普世性的话题往往离不开人们日常生活中的衣食住行、婚丧嫁娶、工作学习和娱乐,这些平常性的故事和话题与观众的生活最为接近,其中流淌的共同情感也最能拉近人与人之间的距离。日常化的故事内容也为丝绸之路影像跨国界、跨民族、跨文化的传播提供了更多可能。在纪录片《奇遇:探秘丝绸之路》中,影片向观众近距离展示了丝绸之路的活力与风采、丝路沿线人民的喜怒哀乐、丝路日常生活里的酸甜苦辣。其中第四集记录了伊朗首都德黑兰丰富多彩的都市生活。在那个相当于中国北京三里屯的街区里有许多咖啡馆,聚集了很多伊朗年轻人。这些年轻人下班后选择来这里喝咖啡、聚会聊天放松自己。这样平凡惬意的生活与世界上大多数国家的年轻人都很相似,但也带有德黑兰的独特风味。城市给德黑兰年轻人动力和养分,但也让他们保留天真和自信,这就是德黑兰年轻人的日常生活。这些平凡普通但又贴近现实生活的画面,让观众觉得新鲜,但又似曾相识。具有普适性的日常故事生动形象、直观亲切,它取材于现实生活,是普通观众生活的倒影,因此能直击广大民众的内心深处,奏响情感的共鸣。

20世纪90年代,学者王沪宁指出"文化的世界性传播不是一种猎奇式的爱好","而是对一种文化的内在精神和基本价值的体认"。① 尽管因为国别不同,语言、宗教、法律、习俗的差异会造成传播的隔阂与障碍,但是触动人心的情感总是相似的,它们可能是愉悦、信任、友善,又或是感激、自豪、敬佩,还会有怜悯、思念与悲切。无论观众处于哪个国家或地区,是否拥有相同的民族或血脉,这些基本的情感永远在人类世界里普遍存在,而情感的理解认同不会有障碍与隔阂。在丝绸之路影像中,情感饱满的内容讲述能拉近观众在心理上的距离,使抽象冰冷的影片内容变得具有人文关怀起来。例如纪录片《新丝绸之路》第

---

① 王沪宁.作为国家实力的文化:软权力[J].复旦学报(社会科学版),1993(3):96.

四集《一个人的龟兹》讲述了鸠摩罗什伟大的一生。年幼的鸠摩罗什听从母亲的教导,踏上佛教修行的道路,他 7 岁进入克孜尔千佛洞修行佛法,20 岁成为龟兹国师名震西域,一生翻译的 300 卷经文影响了中原佛教的传播。这样功绩显赫的传奇人物,往往能够激发观众对主人公的钦慕和认同。但鸠摩罗什也经历了极多磨难:西域爆发战争,他作为前秦的战利品遭受牢狱之灾,并受到重大屈辱,辗转 17 年才到达长安弘扬佛法。敬佩之情与悲悯之心相互交织,伟大人物的悲惨经历和曲折命运唤起观众的同情和怜悯,使相似的情感在不同的人心中得以萌发。

"动之以情,晓之以理。"情与理交融才能使观众心理结构得到平衡。王明珂先生在其著作《华夏边缘:历史记忆与族群认同》一书中,否认了生物学家庭、族群血缘的"亲亲性",认为一个家庭、族群的认同主要依靠社会文化的"亲亲性",我们可以称之为"文化亲亲性"。① 在具有文化亲近力的丝路影片中,情感元素不仅能向世界传递中国关于丝路的相关政策和态度、弘扬丝路精神,最重要的是通过丝路中展现的共通情感将丝路沿线国家和人民团结起来,形成群体归属感,增加群体凝聚力。从古至今,丝绸之路不仅是连接各国经济贸易往来的商路,同时也是向世界传播传统文化和民族情感的重要路径。在纪录片《穿越海上丝绸之路》中,魏荣南的祖父年轻时下南洋打拼茶叶事业,在有了一番事业后也不忘故乡的村落,以自己力所能及的力量帮助家乡建设。祖父热爱家乡这片热土,魏荣南回忆起祖父不禁落泪:"到今天,其实他跟家乡从来是没有断过的,所以这才是真正中国的根,他把我们也带回来。"自古以来,"乡愁"就是人类最普遍的文化情感,形成了集体记忆。随着一些历史原因以及现代化进程的高速加快,人们对故乡、家园、宗族的情感日渐淡漠,对乡村的记忆也逐渐模糊。丝绸之路影像作为记忆的影像记录者之一,在保存、传播乡愁这一集体记忆的过程中发挥着重要作用。"集体记忆依赖某种媒介,如实质文物及图像、文献,或各种集体活动来保存、强化或重温。"②影片通过对魏荣南家乡茶园的呈现成

---

① 参见:王明珂.华夏边缘:历史记忆与族群认同[M].北京:社会科学文献出版社,2006:59.
② 王明珂.华夏边缘:历史记忆与族群认同[M].北京:社会科学文献出版社,2006:27.

为这种媒介。这片土地是他们一家的心灵归属，游历他乡的观众在观看影片的时候也会触景生情，因这浓浓的乡愁感慨落泪。丝绸之路仿佛是一条纽带，让漂泊在外的旅人依然心系家园。通过丝绸之路影像，这份共通的乡愁之情得以在广大观众的心中激活，呈现出浓厚的家国情怀。

第三节　经济思维：贸易畅通，产业融合

丝绸之路一直都与商业密不可分。回溯千年，丝绸之路在畅通之初就是一条承载着贸易往来的商路。它运送着丝绸、茶叶、瓷器、香料往返于东西方国家之间，记录着商队的奋斗不息、镂刻不停。而在如今现代化的时代背景下，丝绸之路又被赋予更加丰富的经济价值，成为一条连接国际商业贸易、促进全球经济繁荣发展的要道。丝绸之路全新的经济思维为中国影视创作带来了灵感和创意。以丝绸之路上的贸易交流、产业融合为题材，人们创作了许多优秀的影视作品，体现出丝绸之路独树一帜的经济价值。

一、探寻丝绸之路上的商贸记忆

"生意兴隆通四海，财源广进达三江"是中国传统店铺常见的对联，它表达了店家期盼生意兴隆、财源滚滚的美好意愿。对联作为一种文化载体，记录了一代又一代人的生活样貌和愿望憧憬。这副对联虽然语言直白，却真实表达出商人对商业繁盛的不变期望。社会发达、文化昌盛、家庭富裕、人民幸福，是每一个时代的民众都拥有的愿望。而只有展开自由畅通的商业交往，才能够获得来自"四海三江"的滚滚财富。丝绸之路为国际的交流提供了通路，并用财富回报了那些勤勉刻苦的商旅。

影像是一种保存记忆的独特方式，它具有直观性、连续性、形象性。借助影像这一载体完成对丝绸之路中商贸记忆的书写，可以其最为本质的属性见证丝绸之路发展千年的商贸文明。透过这些影片，我们既能看到丝绸之路上曾经络绎不绝的商旅驼队、货物流通带来的滚滚财富，也能看到商业开辟的艰难困苦，

以及开拓者们筚路蓝缕的奋力开拓。

海上丝绸之路是一条连接国内外商贸的重要经济通道。在纪录片《海上丝绸之路》第二集《物华天宝》中,创作者将目光放在海上丝绸之路中的各类货物交易上,从这些琳琅满目的货物中寻找丝路的商贸记忆:中国的茶叶已有6000多年的种植历史,从18世纪开始就成为海上丝绸之路的主要商品之一;地中海的商人从遥远的印度将黑胡椒运送至罗马帝国,不起眼的黑色小浆果价格数百倍攀升,成为昂贵的"黑黄金";南宋时期的远洋货船上满载来自东南亚的檀香、龙涎香等大量香料;原产于中国的水稻通过海上丝绸之路传入东南亚,而到了明朝中叶后,中国又通过海上丝绸之路从暹罗(今泰国)广泛进口大米。丝绸之路作为一条连接中国与沿线各国的贸易之路,记录了许多由不同国家、不同民族、不同肤色的人民创造的辉煌灿烂。追寻丝绸之路上的原始商业记忆,在回顾丝路经济贸易共享带给沿线人民丰硕成果的同时,也将文化的记忆广泛传播。

"货畅其流天地宽"是一句流传至今的老话,意思是指运输货物流通顺畅,货物可以运输至世界上的任何一个地方。陆上丝绸之路是一条连接国内外重要的经济流通要道。经过此路,中国的丝绸茶叶能够畅销西方,国外的香料地毯也得以进入中国。丝绸之路的畅通无阻离不开丝绸之路民众的建设与维护。纵观历朝历代,许多人物穿行于丝路之中,为丝路的稳定和谐付出了巨大努力。因此,丝绸之路影像对商贸记忆的呈现不止于商品货物流通,同时也关注丝绸之路的建设。在纪录片《河西走廊》第六集《丝路》中,创作者将目光聚焦于隋唐时期的朝廷重臣裴矩身上。裴矩受隋炀帝之命来到张掖,寻访走南闯北的胡商,得到关于当时西域44国的风俗、地理、产物、制度等情况。其根据寻访编撰的《西域图记》,成为当时商人贸易往来的必备攻略。同时,裴矩还完善了当地政府的商业机制,在丝路上设置驿站以方便商旅往来,降低关税以鼓励西域商人与政府直接开展贸易。他还建议打败吐谷浑,以消除西域商人往来交易的威胁。裴矩以自己的才能疏通了河西走廊,使越来越多的商人往来于河西走廊。历史上像裴矩这样拥有真才实干、为丝绸之路做出贡献的人有许多,丝绸之路影视作品在叙述丝路中的商业故事时,将讲述的角度放在这些人物身上,通过重现他们的事业功绩来回忆丝路上的商贸往事,通过他们的智慧结晶,折射丝绸之路商贸历史的伟大繁荣。

然而有关丝绸之路的商贸记忆不是仅有璀璨辉煌,也有许多不为人知的辛酸血泪。"早在两千多年前,中国人就开始乘船。从中国的东南沿海前往今天的菲律宾、印尼、马来西亚、新加坡和泰国等地。中国人称这是下南洋,它和中国历史上曾经口口相传的闯关东、走西口一样,是这个国家在数百年来长久传袭的历史记忆。"①南洋是海上丝绸之路通往目的地欧洲的必经中转站,这里也有大量华人留下开拓进取的足迹。纪录片《下南洋》记录了一批中国人为了生存和发展远离家乡,跨越汪洋迁移至另一片陌生的土地进行生产生活的历程。他们冒着生命危险经历几个月漫长的海程来到南洋,在这片土地上以"猪仔"的身份做着最卑微的工作,再从这些苦力劳作中一点点积累钱财换取自由,最后凭借自己的勤劳刻苦,书写出他们在南洋创造的商业奇迹。有些华人衣衫褴褛地进入橡胶园和锡场,凭借劳动打工赎身,最终重获自由,拥有自己的一片耕作土地;有些华人凭借自己的勤劳与精明,逐渐摆脱出卖苦力的命运,成为大大小小的生意人和服务业从业者;还有些华人创造出了令人景仰的商业成就,他们成了南洋华人中极少数的米业大王、甘蜜大王、百货业大王、橡胶业大王、锡矿业大王,书写着艰辛求进的家园传奇。影像将这段举步维艰却波澜壮阔的历史娓娓道来,述说着创业的辛酸和生活的无奈,以及万千华人凭借勤劳刻苦的秉性在南洋所创造出的伟大商业成就。

丝绸之路中的商业贸易传递的不仅仅是商品与财富,更是永不熄灭的奋斗精神。通过影像对这些商贸记忆进行整理与记录,既是对过往辉煌灿烂的商贸记忆的文化自信,也是对商贸记忆中艰苦卓绝的奋发精神的传承与教育。

二、聚焦当代丝路人民的经济生活

"一带一路"倡议的有效推进得益于沿线人民对古老丝绸之路商贸记忆和商业价值的认同。新时期下,"一带一路"倡议在原有丝绸之路的基础之上,构

---

① 摘自纪录片《下南洋》。

建了许多新的商贸意义，令这条古老的道路在新时代中又绽放出许多新奇迹，广泛影响着丝路人民的经济生活。

科学技术是第一生产力，是社会发展的灵魂动力。它在新时代的发展建设中扮演着举足轻重的角色，是国家提升经济实力的强劲手段。"一带一路"倡议基于我国的经济、文化、科技以及沿线国家的共同发展状况提出，科学技术作为重要组成部分，对国家之间的交流合作有着重要作用。"'十三五'期间，我国坚持以全球视野谋划和推动创新，主动融入全球创新网络。目前，我国已经与161个国家和地区建立了科技合作关系，签订了114个政府间的科技合作协定，参与了涉及科技的200多个国际组织和多边机制。"①科技力量使"一带一路"倡议有了持续发展的动力，通过科技，丝绸之路沿线国家之间的关系得到进一步深化，国与国之间的经济合作又诞生出新的畅想与规划。诸多丝绸之路题材的影片，如《一带一路》《穿越海上丝绸之路》《对望：丝路新旅程》《丝路微纪录》等影片，在对现代丝路经济的描绘过程中，均有涉及中国与沿线国家通过科技交流获得经济共赢。影片通过写实的镜头和叙述，将中国与沿线国家之间围绕科技展开的交流合作清晰呈现，在展现中国深度、感慨中国科技力量强大的同时，也展现了新时代下科技合作共赢带来的经济发展新体验。

人类因为科技而进步，经济也因为科技而发展，透过影像我们能感受到时代的变迁，能触摸到辉煌的经济建设成就，观众因此会感叹科技力量的伟大，以及科技背后人类智慧的无穷。由中宣部、国务院新闻办"纪录中国"传播工程重点立项，中央电视台倾力打造的6集纪录片《一带一路》，展示了许多丝绸之路经济带沿途的科技发展和经贸合作。在第一集《共同命运》中，川流不息的陆运航道、连轴运作的工厂流水线、宏大壮观的基建工程等影像画面，都在以宏观视角展示科学实践与经济贸易的强大结合。在第二集《互通之路》中，"中欧班列"这条国际铁路大通道使陆上交通运输出现革新，国际之间的货物流通与过去相比更加快捷。第三集《光明纽带》展示了苏州工业园区创业发展的成果——这里聚集着200家各类研发机构、1000家高新技术企业，高新技术产值占工业总

---

① 佘惠敏.我国与161个国家和地区建立科技合作关系[N].经济日报,2020-10-28(2).

产值比重超过70%，它是跨国公司眼中中国最成功、最具有吸引力的开发区之一。第四集《财富通途》讲述了泉州石湖半岛上的现代货运码头建设，在"21世纪海上丝绸之路"被提出的背景下，泉州港正在被积极地打造成海上丝绸之路的国际枢纽港。第五集《金融互联》展现了新加坡星科金朋公司的电子芯片封装测试技术在全球中的领先地位，以及中国国内规模最大的半导体封装测试企业长电公司对其股权的收购对全球电子行业经济产生了巨大影响。在第六集《筑梦丝路》中，中国科学院新疆生态与地理研究所利用成熟的生态技术，为哈萨克斯坦首都圈生态屏障建设提供了保障和支持。《一带一路》这部纪录片向观众展示了现代科技作用下的现代商业发展状况。也正是科技的力量，使"一带一路"沿线国的经济发展、商业互通得到推动，在新的时代格局下，中国正运用自己的勤劳智慧和科技创新打造新型丝绸之路，重现丝绸之路当年的商贸辉煌。

科技的力量铸就了新时代下丝绸之路沿线人民的全新经济交往，勾勒出当代丝路人民全新的经济生活和商贸记忆。《对望：丝路新旅程》，这部由国务院新闻办公室批准立项，五洲传播中心、国家地理频道、新加坡IFA制作公司联合摄制的纪录片中，记录了丝路人民在追梦途中经历的困难与挑战，以及科技力量帮助丝路人民经济振兴的发展建设状况，使观众心中原始的丝路商贸记忆因为科技的力量焕发出新的活力。在影片中，《通向未来的道路》记录了一条从喀什通达巴基斯坦，贯穿国际的险峻公路——喀喇昆仑公路。中国运用成熟的修建技术挖通山体、扩建公路，使事故多发地段"老虎滩"的安全性得到提高。公路的通畅，使沿线人民的交流更加频繁，也促进了国与国之间的经贸往来。《绚丽的财富》中，原本经营状况举步维艰的萨赞库拉克油田，因为中国石化公司的加盟合作而获得新的发展契机。中石化将石油技术传授于此，为当地的能源生产现代化发展提供了科技支持与强大动力。《永恒的通途》则讲述了德国汽车制造业讲师将新技术传授给中国学生，帮助中国公司升级汽车制造技术。《沟通的革新》中，中国商人将中国的数字电视技术带入吉尔吉斯斯坦，解决了当地居民看电视时电视频道众口难调的问题。这部纪录片以独特的视角，全景式地展现了丝绸之路沿线的建设、发展与人民的生活状况，不仅将各国珍贵的历史文化遗产以影像的方式进行留存,也展现了沿线人民因科技发展而不断革新进步的经济生活,重现了丝绸之路辉煌的商贸历史。

现代化的丝绸之路经济,不仅体现在科学技术助力经济发展,丝绸之路带来的合作共赢与协调发展是如今丝路经济的又一重要意义。在新时代格局中,互利合作、协作共赢已经成为世界发展的一大趋势。全球化的不断推进,要求世界各国形成一个命运共同体。而中国在发展新兴科技带动本国经济增长的同时,也在通过丝绸之路向世界送出合作共赢的诚挚邀请。纪录片《海上丝绸之路》运用了大量的故事篇幅来描绘中国与丝路沿线各国在经济上的相互合作。中国富通集团入驻泰国泰中罗勇工业园,将光纤光缆制造技术带入泰国,弥补了泰国市场的空白。在生产与教学的过程中,中泰两国的人民密切合作,也产生了深厚的情谊。来自沙特阿拉伯的巨型油轮运载着沙特原油,为福建联合石化炼油厂提供供给,在中阿战略合作关系的基础上实现两国经济的互利共赢。斯里兰卡首都科伦坡的一家五层楼的大型超市,因为大批购进来自中国的物美价廉的货物,而使得生意由衰转盛,具有当地同类型超市所没有的竞争力。中国与不同国家之间的经济交往与协同合作,是增进彼此的信任与情感的有效途径。丝绸之路沿线人民的经济生活,也在因为共建"一带一路"而优化改善。透过丝绸之路,我们能看到古老文明与现代文明的交相辉映,也能体会到商业互通、合作共赢带来的和谐便利。

三、推动丝路沿线"影视十"产业融合发展

丝路影像的经济价值,取决于其文化意义与文化价值。这决定了丝路影像与其他类型的影视作品一样,具有投资和经营的发展价值,能够拥有经济上的相应回报。如今,网络技术迅猛发展,在这样的环境下,丝绸之路影像作品不再拘泥于原有的形式,它依靠新兴技术和互联网迸发出新的力量,形成了"影视十"产业融合发展的新格局。

2015 年 3 月 28 日,国家发展改革委、外交部、商务部联合发布《推动共建丝绸之路经济带和 21 世纪海上丝绸之路的愿景和行动》,提出:"共建'一带一路'顺应世界多极化、经济全球化、文化多样化、社会信息化的潮流,秉持开放的区

域合作精神,致力于维护全球自由贸易体系和开放型世界经济。""一带一路"就此成为全球广泛关注的热门话题,这也为丝绸之路影像赋予了新的创作内涵与创作灵感。丝绸之路绵延至今两千多年,已经成为激发沿线各国文化共鸣的敲门砖,丝绸之路影视作品不管是在影像世界中,还是在现实世界里,都为沿线各国带来经济价值,造就发展的力量。

经济与文化之间的关系总是密不可分。马克思在《资本论》中提到,经济基础决定上层建筑,但同时上层建筑也反作用于经济基础。丝路题材的影视作品正是这一理论之一显例。在影视内容上,丝路题材的影视作品反映了沿线各国之间的交流互通,例如塔吉克斯坦的塔乌公路连接了中巴往来,蒙古的"草原之路"促进了中蒙交流。丝绸之路成为名副其实的借鉴之路、经济之路、交流之路与友谊之路。这些工程不仅是经济联通的纽带,同时也是文明交流的桥梁。国与国之间通过协同合作增加经济实力、促进文化繁荣,为共同发展贡献出巨大的力量。在对外传播过程中,丝路题材的影视作品因其所蕴含的文化内涵而具有极高的经济价值。伴随着丝绸之路影像的宣传,中国企业对"一带一路"沿线国家的投资额度逐年增长。"商务部公布的数据显示,2021年1至4月,我国企业在'一带一路'沿线对54个国家非金融类直接投资387亿元人民币,同比增长5.7%(折合59.6亿美元,同比增长14%),占同期总额的17.4%,较上年上升1.8个百分点,主要投向新加坡、印度尼西亚、越南、马来西亚、老挝、阿拉伯联合酋长国、哈萨克斯坦、巴基斯坦、柬埔寨和孟加拉国等国家。对外承包工程方面,我国企业在'一带一路'沿线的59个国家新签对外承包工程项目合同1465份,新签合同额2698.9亿元人民币,同比增长16.1%(折合415.6亿美元,同比增长25.2%),占同期我国对外承包工程新签合同额的58.2%;完成营业额1523.5亿元人民币,同比增长4.7%(折合234.6亿美元,同比增长12.9%),占同期总额的55.1%。"①同时,丝绸之路影像的宣传作用能推动沿线旅游文化繁荣,这也是丝路国家进行国际化传播、亮相世界舞台的重要方式

①　赵竹青.我国对"一带一路"沿线国家投资持续增长[EB/OL].(2021-06-04)[2022-06-07]. http://finance.people.com.cn/n1/2021/0604/c1004-32122378.html.

之一。

文化是丝绸之路的灵魂,影像则是文化的重要载体。其中合拍影像作品作为丝绸之路影视作品的一种制作形式,在本质上是精神文化间的合作与交流,它具有跨文化传播的功能。合拍影像作品是国家地域间多元文化和科技成果合作的产物,相比其他艺术形式更能吸取不同文化的精华,并将它们融为一体。独特文化景观和全民族属性也决定了合拍影像作品在跨文化传播过程中发挥的巨大作用。全球化发展使世界各国的关系更加紧密,影像与不同文化之间的联系也日益密切。在这种背景下,影像作品不再单一地指向某个国家或地区,影像中的各种元素也不仅仅是被观众以单一的方式理解和接受,影像中的元素变得更加复杂多变,其中的意义变得更加丰富多元。由此,合拍影像作品应运而生。它肩负着促进中国与其他各国文化传播和交流的责任,是对外树立中国形象的重要方式。在与他国进行文化交流的过程中,它能为中国的文化带来新鲜的血液,在文化的碰撞中产生新的火花,也能提升中国影视作品在海外市场的竞争力,提升中国的文化软实力。

在"一带一路"倡议的背景下,丝绸之路已经成为全世界目光的焦点,中外合拍的影像作品也成为中国影视市场繁荣的重要力量。早在1980年,中国就与日本 NHK 电视台合作拍摄了纪录片《丝绸之路》,2005年双方又再次合作拍摄《新丝绸之路》;中印两国电影人联合打造出热门电影《功夫瑜伽》《大唐玄奘》《大闹天竺》,其中《功夫瑜伽》更是拿下17.48亿元的票房;中国与泰国合作打造电影《丝路英雄》《索命暹罗之按摩师》;央视纪录频道也积极打造以雅克·贝汉、伊夫·让诺等国际知名导演作为顾问的纪录片国际顾问团队;腾讯、优酷、爱奇艺、哔哩哔哩等国内知名媒体也与 BBC(英国广播公司)、NGC(国家地理频道)、NHK(日本广播协会)、Netflix(美国奈飞公司)这些著名的国外媒体制作机构积极合作,推出像《蓝色星球》这样观众口碑极佳的作品,并从往来合作之中学习,提升国内纪录片的制作水平。中外合拍影像作品在影像市场中占有较大数量,且拥有相对优势的地位,逐渐成为影像发展中的常态。这使中国丝路影像的发展有了新的机会和新的平台。

在丝路影像跨文化传播过程中,中外合拍影视作品成为跨文化传播的先行力量,对传播丝绸之路精神内涵具有重大意义。在这样的背景下,丝绸之路沿线各国的影像制作从业者积极投入,努力开拓市场空间,而"讲好中国故事,传播好中国声音"已经成为丝路合拍影视作品的主旨。国家相关部门也大力支持中国与沿线国家互办文化活动、合作影视拍摄、搭建丝绸之路影像文化交流合作平台。例如,中国已经与丝路沿线的许多国家签署了合拍协议,这些合拍项目从开发、融资到制作发行,涉及的层次多、领域广,通过产业融合搭建对话渠道,能带动不同国家在影像行业方面的生产与消费。2013 年,国家新闻出版广电总局等单位主办的"丝绸之路影视桥工程"在促进丝路沿线各国文化交流、人民民心相通等方面发挥了积极作用。2015 年发布的《推动共建丝绸之路经济带和 21 世纪海上丝绸之路的愿景与行动》中指出,"沿线国家间互办文化年、艺术节、电影节、电视周和图书展等活动,合作开展广播影视剧精品创作及翻译。"2017 年,19 位丝绸之路沿线国家的电影人代表出席第四届丝绸之路国际电影节,并与中国签署了《丝绸之路及沿线国家电影产业交易平台联盟声明》。这些举措为中国影视行业和丝路沿线国家的影视交流合作提供了广阔平台和政策支持,促进了丝路沿线的多元文化交流,带动了区域之间的合作互动,具有对外传播、推广优秀文化的重要意义。

2015 年十二届全国人大三次会议上,国务院总理李克强在政府工作报告中首次提出"互联网+"行动计划,使"互联网+"这个新概念得到社会各界的广泛关注。"互联网+"作为创新 2.0 下中国互联网发展的新业态和新形态,是知识社会创新 2.0 推动下的互联网形态演进。"互联网+"在社会资源配置上能够起到集成优化的作用,在经济、社会、文化等多个领域中展现互联网的发展状况和成果创新。因此,从某种程度上看,"互联网+"代表了一种新晋的先进生产力,它有利于提升社会各个方面、各个产业的生产效率,促进经济形态的完善、发展。"互联网+"的特点在于它能够跨界融合、连接一切。其中的"+"代表着连接与融合、开放与改革。同时,"互联网+"还具有重塑结构与创新驱动发展的特点。过去,在传统社会发展过程中,世界已经形成了一定的经济结构、社会结构和文化结构;而如今伴随着全球化信息革命和互联网行业飞速发展的影响,"互联网+"已经将过去的原有结构全部打破并进行重组。在这样的背景下，行业结构相关的从业者需要加强改革创新的意识，互联网创新求变的力量才能得以发挥。

在文化信息产业方面，互联网作为信息传播的重要媒介，对传统媒体产业的变革具有重要的影响作用，它体现在文化传播的每一个环节和流程中。在"互联网＋"时代，信息经济发展迅速，促进新媒体和传统媒体深度融合并快速发展，呈现出多元性、互动性、国际性的特点。与互联网环境下的新型文化传播模式相比，传统的文化传播模式无法积极调动各国文化资源和文化成果快速广泛地传播，具有陈旧性、滞后性的缺点。在遥远的古丝绸之路时代，文化的交流传播主要是通过商队贸易往来的形式进行的。在这种传播方式的作用下，东西方文明得以接触交融，人类的文明才有了如今多样化的面貌。但是相比如今，古丝绸之路当时的传播效率并不高。现今随着"互联网＋"带来的产业变革和结构重组，互联网正在向各个层面、领域不断渗透。它使过去传统的文化传播模式得到突破，曾经文化传播在时空上的限制逐渐消弭，文化传播的范围、效率和效果都得到了显著提升。同时，随着"一带一路"倡议的提出，围绕丝绸之路的相关建设也推进得更加迅速。在这样的背景下，我国传媒产业更需要凭借"互联网＋"的发展优势增强文化传播能力，不断解放思想，打破局限，创新传播模式，构建多样立体的丝绸之路文化传播体系。

在传播丝绸之路文化的过程中，"讲好中国故事，传播好中国声音"是一个较高的要求，业界也在为这个要求积极努力地进行互联网模式创新，"大道有形"就是代表之一。"大道有形"是中国公共关系协会围绕"一带一路"倡议着力打造的具有国际影响力的国家传播文化品牌项目，它"体现了'互联网＋'时代文化传播的战略创新、内容创新、平台创新、技术创新以及渠道创新"①。它坚持着"文化先行，公关先导"的指导理念与"文化共生、文明共享"的战略原则，围绕"一带一路"倡议规划出十大系列文化传播主题活动，包括"俯瞰'一带一路'""巅峰美学""影像的力量——重返丝路""全媒体文化传播中心"等等。这些主题活动的展开以"互联网＋"为支撑，体现了战略创新、内容创新、平台创新、技

---

① 王丽."互联网＋"时代"一带一路"文化传播模式探析[J].理论月刊,2017(10):85.

术创新、渠道创新的传播特点。例如,"大道有形"打造出的"影像的力量"品牌就是一个以大数据和云计算技术作为支撑的"互联网＋"时代的影像产业平台。"影像的力量"作为一个专业权威的影像产业平台,将影像传播的方式与丝绸之路沿线文化传播融合互补,聚集了海量影像大数据以满足受众的需求,进而构成交流共享的影像产业链。它将摄影从小区域、小范围引入全国甚至全世界的格局范围内,将区域性的市场和资源扩散到互联网能够覆盖的所有范围。"大道有形"文化传播项目在"互联网＋"的推动下创新变革,实现了数据资源共享与开发,以一种新颖高效的方式推动丝绸之路文化内涵的影像化传播。

第六章 丝路精神与人类命运共同体

丝绸之路是基于东西方经济交流而形成的一条意义深远的国际通道,它见证了两千多年来亚欧大陆的贸易往来和文明互通,其影响不仅仅涉及丝绸之路沿线国家和地区,更波及全世界。推进"丝绸之路经济带"和"21世纪海上丝绸之路"建设这一重大倡议的提出,契合丝绸之路沿线国家和地区发展的需要,也顺应了全球合作日益深化的潮流。在全球化趋势下,各国之间相互联系、相互依存的程度进一步加深,人类同呼吸共命运,对和平与发展的渴望更加迫切。"丝绸之路上不同种族、不同信仰、不同文化背景的国家之间两千多年的交往历史,恰恰正是文化交往融汇的历史;团结互信、平等互利、包容互鉴、合作共赢、共享和平、共同发展也正是古丝绸之路留给我们的宝贵启示;同时,更是'一带一路'建设所遵循的文化共识与灵魂。"[①]

重提丝路精神,重塑时代语境下的丝绸之路,既表现出中国人民对丝绸之路历史文化遗产的重视和继承,也体现了中华文化在坚守根本中与时代同步的强大进化能力。影视作为文化事业的重要组成部分,被正式列入"一带一路"倡议之中。与丝绸之路相关的纪录片、影视剧、综艺节目大量出现并广泛传播,形成了跨越时空的丝绸之路影像话语体系,纵向维度上对丝路文化进行精神溯源,横向维度上以干线为脉络延伸出通往世界的不同路径。在对丝绸之路题材影视作品的整体观照中,呈现出民族传统和全球视野融汇并举、丝路精神与人

[①] 杨琳.丝绸之路:跨文化融汇与传播的标本[N].光明日报,2017-05-18(12).

类命运共同体意识交相映照的文明图景。

第一节　精神溯源,丝路影像的纵向空间

　　新中国成立七十年,中国影视行业既见证了社会的变迁,也参与了中国文化的构建与传播,在中国社会的历史进程中贡献了巨大的力量。许许多多的影视作品都将目光投向了七十年来中国社会的发展现状,用艺术的视角凝缩社会现实,传递自己的情感与思考,涌现出了《话说长江》《激情燃烧的岁月》《大宅门》《亮剑》《大江大河》等一大批优秀的影视作品。令人欣喜的是,中国丝绸之路题材影视作品也将目光聚焦在了历史与当下,以多元化的视角和表现手法,表达对丝绸之路沿线地域历史记忆与现实情况的密切关注,构筑起了中国丝绸之路影像的纵向空间。纵向在这里是一个关于时间维度的概念。回溯中国丝绸之路的影像历史,就是要在时间计量单位中考察"变与不变"这对哲学命题。时间流转,影像的表达方式、思想观念、时代环境都在发生变化,而影像背后的历史情怀却一脉相承,文化思考始终如一,丝路精神亦绵延不绝。

一、变化的影像表达与不变的历史情怀

　　唯物史观认为,社会是在不断变化中向前发展的。随着科技的进步,技术和设备的不断更新,中国的影视制作在表现载体、表现方式和表现手法方面不断变化,丝绸之路题材的影视作品也因此在内容、风格等方面呈现出相应的变化,既有《丝绸之路》《新丝绸之路》《穿越海上丝绸之路》这类体现丝绸之路历史沿革的纪录作品,也有《丝绸之路传奇》《郑和下西洋》《舞乐传奇》这类展现不同干线丝绸之路上恩怨情仇的剧情作品,还有《丝绸之路万里行》《扬帆走海丝》《二十四小时》这类具有娱乐精神的综艺节目;既有以普通人为主角的纪实之旅,也有影视明星领衔的探险历程;既有大气磅礴的浑厚之风,也有轻松愉悦的跳脱之气。然而,不管题材类型如何丰富,不管拍摄手法如何提升,不管影像风格如何变化,丝路题材作品中的历史情怀却不曾更改,当下人们对于古老历史

的追寻与探问也从来没有停止过。

1954年的《敦煌壁画》，作为中国丝绸之路影视创作的开端，足以被历史铭记。但真正以影视形式将丝绸之路推向大众视野的，是1980年播出的纪录片《丝绸之路》。《丝绸之路》是中日合拍纪录片，该片从长安起步，寻找黑水古城、楼兰古国的踪迹，穿越塔克拉玛干沙漠，横越帕米尔高原，经过土耳其，走向通往罗马的道路。随着节目的播出进程，观众们跟随摄制组一起经历探险与发现之旅，了解丝绸之路的历史，感受当地人的现代生活。片中既呈现了丝绸之路沿线地域的经典景观，也涉及相关区域、民族的宗教文化；既介绍了某个地区在古丝绸之路上的重要位置，又阐述了丝绸之路为当地带来的重要影响。《丝绸之路》通过电视渠道向人们介绍千年丝路的历史碎片，由此也向电视观众揭开了这条古老线路的神秘面纱，使得丝绸之路不再只是停留于专家学者的研究范畴。而2006年播出的《新丝绸之路》，则是在新的时代背景和技术基础上，与1980年的《丝绸之路》进行了一次隔空对话。时隔20多年，《新丝绸之路》选择了敦煌、楼兰、黑水城、喀什等10处具有文化特征的地域进行深挖，不仅呈现了新的考古发现和学术研究，也展示了改革开放以来这些地区的发展和人们生活的变化。《新丝绸之路》第一集《生与死的楼兰》中，摄制组跟随考古队深入罗布沙漠腹地去发掘一座墓地，由此揭开了罗布大地上早已封存的记忆。小河墓地的再发掘，对楼兰城存亡的推断，对罗布人迁徙原因的分析，都在史料基础上一一呈现。比较而言，《新丝绸之路》的"新"，是摄制技术的"新"，是考古发现的"新"，更是沿线地区人民生活面貌的"新"。这些"新"带来了影像内容和形式方面的多种变化，但作品中表现出的叩问历史的情怀与严谨求实的精神，仍然与《丝绸之路》一脉相承，而这也是丝绸之路题材纪录片一以贯之的创作态度。

不仅是传统意义上的"丝绸之路"，"西南丝绸之路"和"海上丝绸之路"也在纪录片中得到了较为详尽的呈现。8集纪录片《茶马古道》，是表现西南丝绸之路的重要作品。片中，《高原血脉》《缘起茶山》《马背歌者》《消逝的部落》《挂在悬崖上的路》《无契之约》《大地留痕》《走到天涯》这8个篇章，从各个方面对茶马古道历史与文化生态作了细致描绘，可以说是完整呈现茶马古道文化的人类学影像作品。在"一带一路"建设的大背景下，海上丝绸之路的电视创作日益繁茂,纪录片《穿越海上丝绸之路》是其中较有代表性的作品。《穿越海上丝绸之路》分为《寻路》《家承》《原乡》等 8 个篇章,通过 32 个人物故事,串联起汉唐以来的历史与当下,古路与今路重叠,重新描绘了中国海上丝绸之路的人文脉络。就纪录片创作而言,从传统意义上的"丝绸之路",到一度成为人类学研究热点的"西南丝绸之路",再到当前渐成新热的"海上丝绸之路",中国丝绸之路的干线脉络基本清晰,其影像表达也相应丰富起来。

与纪录片相比,丝绸之路题材的剧情片更侧重于表现丝绸之路沿线地域生命个体的传奇经历或情感生活。《郑和下西洋》依托的是郑和七下西洋、开拓海上商路的历史背景,传递的是中国人民勇敢探索、开拓进取的精神以及开放包容、热爱和平的信念。中国和缅甸合拍的《舞乐传奇》也是一部改编于历史事件的古装大剧。骠国王子舒难陀带领乐团前往唐都长安献乐,希望两国结盟。乐团一行人跋山涉水,历尽千辛万苦,克服了内讧、欺骗、背叛、劫杀等一系列困难,在无数人帮助甚至是付出生命代价的情况下,最终成功献乐,谱写了大唐和骠国和平的新篇章。不管是郑和下西洋的坎坷经历,还是骠国乐团走向长安的热血路途,这些传奇故事背后映照的都是历史的轨迹,承载的是和平的热望与文化交流的意义,这也正是丝绸之路文化精神的要义所在。

二、变迁的思想观念与执着的文化思考

如果把变革中的地域空间作为时代记忆的表象,那么,变迁的思想观念才是丝绸之路题材影像作品中所要表达的内在诉求。在影像创作者作为现代主体对丝绸之路历史的深情追忆中,呈现出来的是他们对民族本源、对文化本源的深入思考。

中央电视台三次拍摄丝绸之路纪录片,从 1980 年的《丝绸之路》,到 2006 年的《新丝绸之路》,再到 2013 年的《丝路·重新开始的旅程》,选择的是同一条线路,但三次拍摄处于三个不同的年代,拍摄思路和作品中传递出来的创作理念都各有侧重。1980 年的《丝绸之路》,实质上是 1979 年开始拍摄的,是一次国家行为的纪录片创作。那个时候处于改革开放的初期,选择丝绸之路这一题材进行影像拍摄,比较重要的一个原因是丝绸之路承载着中华民族悠久的历史与辉煌灿烂的文明,因此创作的重心旨在对丝绸之路进行全景展示,突出史诗性

特征和波澜壮阔的风格。2006 年播出的《新丝绸之路》实际上是 2005 年拍摄完成的，与之前的《丝绸之路》在时间上相隔了 26 年。这 20 多年间，中国电视技术有了长足的进步，审美观念也发生了巨大的变化。《新丝绸之路》不再是对丝路沿线的纪实性报道，而是选择性地对敦煌、楼兰、喀什等 10 个地方进行了较为深入的发掘，融合了考古发现和最新学术研究的观点。如果说 20 世纪 80 年代的《丝绸之路》侧重于对文明古国悠久历史的描述，那么 26 年后的《新丝绸之路》则体现了对辉煌历史的理性审视，对丝绸之路的历史地位和当前现状有了更为客观的评价。从《丝绸之路》到《新丝绸之路》，着眼点都是古丝绸之路上的历史文化遗迹。2013 年的《丝路·重新开始的旅程》，与前面两部纪录片又有所不同，重点关注的是丝绸之路沿线地域人们当今的生活状态。前面两部作品的叙事视角较为宏大，后面这一部则倾向于"微"叙事，通过微小个体的故事来呈现个体背后的民族、企业背后的国家的立场和姿态。而不管是宏大叙事还是微叙事，不管是对历史遗迹的考察还是对个体生命的讲述，影像丝绸之路传递出来的都是对民族文化的深入思考。

　　婚恋、生育、习俗、消费、礼仪等种种观念，都在时代的号角下翻开了新的篇章，人们的生活也发生了前所未有的变化。在丝绸之路影像作品中，创作者不只是呈现时代赋予社会的方方面面变化，他们往往将探寻的目光上升到文化思考的层面上。电视剧《丝绸之路传奇》，围绕艾拉提和卫明霞这对夫妻的成长，以较大的年代跨度回顾了新中国成立以来新疆纺织业的发展过程，尤其是改革开放对新疆地区人民生活、文化等各方面的影响，细致描摹了维吾尔族和汉族人民建设新疆的心路历程和生活画卷，展现了两族人民在相互扶持、携手共进的过程中结下的深情厚谊。剧中，帕夏汗、艾拉提、迪丽娜尔这三代人所处的时代环境不同，思想观念也有着巨大的差异：帕夏汗秉持着传统的民族观念，她接纳卫明霞为儿媳妇的条件是卫明霞必须有一个维吾尔族名字；艾拉提在改革开放初期，尚不能接受私营企业的合作模式；迪丽娜尔是完全受现代思潮影响的姑娘，宁愿做模特也不愿意回到新疆。尽管剧中人物在思想观念方面迥然不同，但该剧创作者用"对传统文化的思考"来统摄全局，使得这部剧呈现出前后一致的思想内核和文化内涵。

事实上，改革开放 40 多年来最显著的变化，正是在发生在思想观念上。"思想是行动的先导，不改变僵化的思想观念，改革就迈不出步子。"①有的人在改革的过程中更新思想，找到新的契机；有的人则在改革的过程中裹足不前，甚至走向没落。大多数影像作品中，编导们并没有表现出批判哪一方的立场，而是以一种观察的视角，呈现了丝绸之路沿线地域人们生活中曾经的传统、当前的生活图景以及在现代文明冲击下发生的改变。中国丝绸之路题材影像作品正是借助"丝绸之路"这一空间意象，在改革开放以来解放思想、求新求变的时代背景下，在追思和审视民族文化传统的过程中，构筑起了影像丝绸之路意蕴丰厚的文化空间。

三、变动的时代环境与永恒的丝路精神

新中国成立以来，中国社会发生了翻天覆地的变化，无论是内陆还是沿海，无论是北方还是南方，无论是农村还是城镇，都受到了时代浪潮的冲击。在丝绸之路题材影像作品中，创作者也从丝绸之路沿线地区风貌出发，极大程度地还原了处于变革中的地域空间，呈现出了这种时代变化。纪录片《河西走廊》中采用了情景再现的手法讲述河西走廊在每一个历史时期的代表性故事，在朝代兴衰中还原了中国与西方的往来交流历史。全片最后落脚于新中国成立后河西走廊迎来的新的发展契机，西气东送、兰新高铁，诸多现代化举措为西北大地展开了新的蓝图。从古丝绸之路到"一带一路"，历史在岁月长河中沉淀，昔日繁华已成传奇，河西走廊在现代强国之路的建设过程中踏上了新的台阶。梳理各种展现丝绸之路前世今生的影像作品，我们不难发现，沧海桑田，世易时移，唯有丝路精神能穿越千年，连接起历史与当下。

电视剧《丝绸之路传奇》虽然时间跨度大、人物形象众多，但贯穿全剧的始终是持之以恒的丝路精神。艾拉提带迪丽娜尔看壁画石窟的一幕，既是历史与现代交汇的一刹，亦是丝路精神得以传承的高光时刻。正如《人民日报》所评价

---

① 郭占恒.中国改革开放四十年的十大成因[EB/OL].(2018-12-22)[2022-06-01].https://mp.weixin.qq.com/s/8hXaK6c1tOeZtQ5TrWfvHA.

的:"该剧成功塑造了荧幕中的当代维吾尔族典型人物。如剧中的三个长者形象:纺织厂书记方凯、维吾尔族母亲帕夏汗、汉族学者卫守仁,既血肉丰满又带有隐喻色彩。方书记心系边疆百姓疾苦与经济发展,鼓励年轻人学习先进技能,象征着具有'父性'特征的祖国;帕夏汗用土地一样宽厚的爱守护着孩子们,传承着维吾尔族热情、智慧、守礼、勇敢的传统,象征着具有'母性'特征的民族文化;卫守仁苦心孤诣、甘于清贫、坚持真理,毕生潜心于桑蚕养殖与传统纺织工艺研究,则是追求科学与民主的现代精神的象征。电视剧通过这三个形象构建的三重隐喻——祖国、民族传统、现代精神——正是每一个年轻人成长都离不开的精神力量。"[①]在这种精神力量的感召之下,迪丽娜尔延续了纺织世家的家族传统,也继承了将艾德莱丝绸发扬光大的历史使命,最终跨越国境的界限,打开了国际合作的大门,将艾德莱斯销往世界各地。可以说,《丝绸之路传奇》正是以"于阗古绸"为着眼点,通过三代人的人生经历,在挖掘新疆少数民族传统文化的基础上,将传统与现代对接,既回顾了艾德莱斯的历史地位,也呈现了艾德莱斯在"丝绸之路经济带"的现代飞跃,更凸显出丝路精神在当下的意义。

纪录片《穿越海上丝绸之路》,既追溯历史,也讲述现在。翟墨的无动力帆船航行,与1400多年前义净法师出海取经的身影,重叠在了交错的时空之中。广州十三行湮灭在历史的烟尘里,中国皇后号已成就中美海贸的传奇,这些历史碎片书写了"前有古人"的上半阕;中医问道的樊正伦,援建斯拉兰卡电站的王路东,诸多现实记忆串联起"后有来者"的下半阕。时间流转,海路漫漫,绵延至今的依然是商道沿线人们坚韧不拔的进取意志与合作共赢、互利互惠的丝路精神。这种丝路精神,体现在《大敦煌》中,是对民族文化的爱护和尊重;体现在《天堂马帮》中,是临危受命、支援抗日远征军的民族豪情;体现在《大境门》中,是由张库大道架构起的中俄、中蒙之间的流通之门;体现在《沧海丝路》中,是交好友邦、惠及四海的神圣使命……千年以前,勤劳勇敢的中国人民靠骆驼、马帮、船队走出来的丝绸之路,连接起了东西方的贸易通道,推动了人类文明的共

---

① 仲呈祥,孙百卉.电视剧《丝绸之路传奇》的启示:视角准确形象丰满[EB/OL].(2015-11-06)[2022-06-11].http://ent.people.com.cn/n/2015/1106/c1012-27786392.html.

同进步;千年以后,基于共商共建共享原则基础上的"一带一路"倡议,把丝绸之路沿线各国人民紧密连接在一起,将开放包容、互赢互利的理念代代传递。

影视自诞生开始就成为人们精神文化生活中不可或缺的组成部分。在丝绸之路题材作品中,人们不仅能对英雄主义、商贾贸易、合作、和平、宗教、制度、历史等内容有直观的感受,更能通过陶瓷、丝绸、茶叶等载体对各民族、各地区的民俗风情有深刻的理解,这些都构成了丝绸之路丰富的精神内涵。值得注意的是,丝绸之路因行走线路的不同,沿线地域风土人情各有差别,在此基础上形成了各具意蕴的文化空间,但丝路精神传承千年,无论是哪一条干线的丝绸之路,其精神空间都是一致的。

第二节　横向聚力,不同路径连通世界

丝路题材荧屏作品的出现不是近年才有的,从新中国成立以后到现在,不同时期都有过丝路题材的影视作品。影视作品助力了丝绸之路的现代传播,同时也搭建起了连通世界的影像话语体系。《丝绸之路》《丝绸之路传奇》《大敦煌》《大唐西游记》等作品,重现了传统西北丝绸之路的历史与辉煌,串联起亚欧非大陆的文明交流历程。《海上丝绸之路》《穿越海上丝绸之路》《丝路南洋》《海丝·茂名》等作品,向人们讲述了南海航线、东海航线沿岸各国的往昔繁华,也呈现了海上丝绸之路前世今生的壮丽画卷。《德拉姆》《茶马古道》《舞乐传奇》《大马帮》等作品,则将西南丝绸之路推向大众的视野,让人们在影像中追寻这条通往缅甸、印度之路的传奇过往。中国丝绸之路题材影视作品,正是依托丝绸之路干线的清晰脉络,通过对中外经济、文化交流历程的呈现,构建起了连通世界的丝绸之路影像空间。

一、西北丝路再度升温,促进亚欧大陆文化交融

西北丝绸之路是传统意义上的中国丝绸之路,关注这一干线的丝路题材影视作品是目前国内数量最多的,影响也是最广泛的。1954 年,中央新闻纪录电

影制片厂拍摄制作了第一部丝绸之路题材的纪录片《敦煌壁画》，围绕着敦煌壁画的景观，重点介绍了敦煌的宗教文化、敦煌在古丝绸之路上的重要位置以及丝绸之路为敦煌带来的影响，也第一次以电视节目的形式向人们展示了敦煌壁画的神秘和丝绸之路的魅力。在物质条件极度匮乏的年代，这部耗费了大量心血制作完成的纪录片，引起了社会各界的关注，也为后期拍摄丝绸之路纪录片奠定了良好的基础。从1978年改革开放到20世纪末期，《丝绸之路》《敦煌石窟：第45窟》《古都长安》《敦煌之恋》等一大批优秀纪录片成为广大民众了解丝绸之路的窗口，其中，又以1980年播出的《丝绸之路》最具代表性。作为第一部以整段丝绸之路为对象而摄制完成的纪录片，《丝绸之路》不仅开启了中外合拍纪录片的范例，也在国外观众心目中产生了深远的影响。在日本，《丝绸之路》打破了当时日本国内教育性、知识性节目的最高收视率，揭开了中国西北的神秘面纱，激发了日本观众强烈的向往之心，在日本国内掀起了一股"丝绸之路"热潮。在美国、英国等西方国家，《丝绸之路》中展现的悠久的丝路文明也令观众们惊叹不已。

　　"一带一路"倡议的提出，对于丝绸之路题材影视创作来说是一个新的开端。这一阶段，中国丝绸之路题材纪录片已经逐渐形成了自己的创作风格和国际化表达方式，许多优质纪录片在海外市场中取得了巨大的成功。《丝路·重新开始的旅程》将视角聚焦在普通人身上，重点在于阐释古时候连接亚欧大陆交通网络的这条丝绸之路在当下的时代意义。作品中对丝绸之路的新解读和国际化、平民化视角，使得它在多个国际纪录片节中被推荐，取得了较好的国际传播效果。随着"一带一路"倡议计划的深化推进，以《大唐玄奘》为代表，一批具有较强现实意义的影视作品也应运而生，在国内甚至国际社会都取得了强烈反响。《大唐玄奘》取材于历史上记载的"玄奘西游"这段经历，讲述了大唐贞观年间法师玄奘为求佛法真谛一路西行，最终从印度带回大量佛法经书的故事。影片上映以后，印度总统普拉纳布·慕克吉在北京会见了导演霍建起和主演黄晓明，赞赏《大唐玄奘》进一步促进了中印文化交流。[①] 在洛杉矶举办的第三届

---

① 蒋波.印度总统会见黄晓明　《大唐玄奘》促进文化交流[J/OL]．(2016-05-16)[2022-06-17]．http://ent.people.com.cn/n1/2016/0526/c1012-28382157.html．

美中电影电视产业博览会上,《大唐玄奘》也受到了主办方的表彰以及美中观众的热烈欢迎。玄奘西行,在当时具有传播盛唐文明的意义,在1300多年后的今天,这一段历史的影像讲述也深刻契合了"一带一路"倡议的时代背景,成为中国丝绸之路题材影视作品跨文化传播的重要范例。

"一带一路"倡议为中国丝绸之路题材影视作品创作提供了新的契机,不仅仅是纪录片继续保持了高质量的创作,也涌现出了《大唐玄奘》《大敦煌》《丝绸之路传奇》等情节性较强且传奇色彩浓厚的影视剧作品,使得人们对这条古老线路的关注持续升温,话题热度不断。

二、海上丝路渐成新热,重现海洋文明盛景

海上丝绸之路是一条贯通东方和西方的古老贸易航线,同时也是世界文化交流的重要渠道。自2013年习近平主席提出"21世纪海上丝绸之路"以后,海上丝绸之路不仅引起了普遍关注,也成了丝绸之路领域新的研究热点。作为中国重要的历史文化遗产,海上丝绸之路兼具了历史与当下、文化与政治等多种特征。中国需要通过影像的传播扩大中国文化的影响力,世界上其他国家也需要借助更多的窗口来了解中国。正是在这样的大背景下,自2013年以来,与海上丝绸之路相关的影像作品类型日益丰富,数量逐渐增多,内容涉及地域文化、历史遗迹、风俗习惯、经济贸易、社会发展等方方面面,在影像创作领域呈现出海上丝路题材创作的井喷之势。

梳理现有的海上丝绸之路影视作品,可以将其影像创作大体区分为纪录片、剧情片、综艺节目三种。其中,《扬帆走海丝》《二十四小时》实现了海上丝路题材综艺类节目零的突破,并在一定范围内取得了较为强烈的反响。《扬帆走海丝》是由东南卫视制作的中国首档大型航海真人秀节目,摄制组跟随着中国"单人无动力帆船环球航海"第一人翟墨的脚步,以航海线路为叙事线索,以帆船为行动载体,从独特的视角出发,体验、记录航海历程中的所见所闻,挖掘历史景点、风土人情、人物故事背后的海洋文明和丝路精神内涵。《二十四小时》则是一档原创的户外真人秀节目,由浙江卫视联合盛唐时空共同制作完成。节目以"郑和七下西洋"作为大故事背景,由七个明星嘉宾作为时空商人在海上丝

路沿线地区与国家进行户外游戏,呈现出连续性、悬疑性的剧情节目特征。节目中不仅展现了海上丝绸之路沿途各国的风土人情、历史文化,也适当体现了当地华人的生活现状和风采,弘扬了中华文化,加强了中外文化交流。

与海上丝绸之路相关的剧情片也不在少数,《郑和下西洋》《妈祖》《沧海丝路》《海上丝路》等较有代表性。《郑和下西洋》是中央电视台出品的大型历史电视剧,该剧以"靖难之役"后朱棣登基为背景,讲述了明朝时期为"示天国德威",郑和受命七下西洋,促进与邦国商贸与文化交流的故事。《妈祖》由中央电视台和北京网连八方文化传媒有限公司联合出品,是一部反映海上女神妈祖生平事迹的神话励志剧。《沧海丝路》是由广西壮族自治区党委宣传部、广西新闻出版广电局等部门联合出品的古装历史剧,讲述的是西汉王朝开辟海上丝绸之路的故事,塑造了一批"张骞"式的古代拓荒者形象。《海上丝路》以女皇武则天时期的海上探秘故事为背景,该剧尚未播出。

从时间上来看,海上丝绸之路题材的电视作品可以"一带一路"蓝图的提出作为分界线。2013 年之前相对较少,2013 年之后呈现出数量上持续增多、类型上不断丰富的发展趋势。中央电视台、上海电视台等主流媒体也积极响应国家政策,围绕海上丝绸之路制作了《穿越海上丝绸之路》《海上丝绸之路》等相关纪录片,将宏大主题依托在一个个普通人微小但生动的叙事之中,取得了较好的传播效果。总的来看,"21 世纪海上丝绸之路"的提出,极大地促进了海上丝绸之路的影像创作,使得海上丝绸之路这条干线成为媒体与民众新一轮的关注热点。

三、西南丝路独辟蹊径,探寻古文明遗迹

公元前 4 世纪,蜀地商队驱赶着驮运丝绸的马队,走出川西平原,翻山越岭,跨河过江,开辟了以四川成都为起点,经雅安、芦山、西昌、攀枝花到云南昭通、曲靖、大理、保山、腾冲,从德宏出境进入缅甸、泰国,最后到达印度和中东的古老贸易线路,打通了中国通往南亚、西亚以至欧洲的商道,这就是总长约 2000公里的西南丝绸之路。这条路线主要因茶马贸易而形成,20 世纪 90 年代初,"北有丝绸之路,南有茶马古道"的概念被社会各界认同以后,茶马古道迅速成

为人类学研究的焦点，与之相关的影像拍摄也随之掀起了一波热潮。西南丝绸之路是中国西南地区重要的交通线路，也是中国西南地区贸易往来、文化交流的民族走廊。见诸各类典籍、早在张骞出使西域之前已经存在的"蜀—身毒道"，正是西南丝绸之路在汉代的称谓；而"茶马古道"则是西南丝绸之路在空间和时间上的转型以及延续。

国内关于茶马古道题材的纪录片，为西南丝绸之路的影像传播提供了不少思考与借鉴。纪录片《德拉姆》以云南怒江丙中洛为起点，以西藏察隅察瓦龙为终点，沿着马帮路线游走摄制。"《德拉姆》记录了怒江流域那些平凡居民们的生存状态，那里有美丽、壮观的景色，也有贫穷、艰辛的生活。这种真实、质朴的影像向世界揭开了中国滇藏地区的神秘面纱，也为中国形象的塑造提供了新的视角。"①2007年入围戛纳电视节的高清数字纪录片《茶马古道》，是国内目前为止较为集中并完整呈现茶马古道风貌的影像作品。该片由云南电视台主要创作，"前期拍摄开机于2004年9月18日的西藏拉萨，关机于2005年5月底的云南怒江，历时8个多月。从2005年6月起进入后期，至2005年12月30日制作完成，精雕细刻，历时半年。摄制组风餐露宿，沿茶马古道滇藏线及川藏线一路采访拍摄，足迹遍布地球的两大极点，从云南西双版纳这一北回归线上的唯一绿洲，直到地球最高端的青藏高原，经思茅、玉溪、红河、昆明、大理、丽江、迪庆以及四川的成都、甘孜入藏，直达西藏首府拉萨和中印边境的小镇亚东这一茶马古道在国内部分的终结点，行程超三万多公里。共采访茶马古道领域的专家学者数十人，茶马古道亲历者数百人，拍摄素材长达80余小时，从而为完整再现茶马古道上千年历史和诸多领域提供了丰富的素材和积淀"②。

对茶马古道的影像表达也体现在电视剧创作方面。由白族女作家景宜创作，西藏自治区对外文化交流协会等部门联合出品的《茶马古道》，就是一部以抗日战争为背景、讲述少数民族兄弟和汉民族同胞在茶马古道沿线区域共抗侵

---

① 王萍.纪录片创作与中国形象建构[J].中华文化论坛，2014(9)：176.

② 云南电视台.用世界语言　讲中国故事：《茶马古道》精彩入围2007法国戛纳电影节[J].广告人，2007(5)：118.

略故事的电视剧作。剧中，有山川雄奇的自然风光，有文化厚重的历史遗迹，有儿女情长，也有国仇家恨，而马帮将这些元素串联到一起，谱写了一曲回肠荡气的民族赞歌。马帮文化是丝路文化的重要组成部分，马帮故事中体现出来的合作意识、诚信的意义以及不畏艰险、排除万难的精神，能使观者深受感染。2010年，浙江博纳影视制作有限公司在电影的基础上，制作了电视剧版《山间铃响马帮来》。电视剧版的改编充分尊重了电影原作，马帮作为推动剧情发展的线索元素，串联起方方面面的人物。与电影版相区别的是，剧中设置了重重迷雾，将原有的正反对抗剧演绎为紧张而刺激的悬疑剧，尤其扣人心弦。该剧既拥有电影版的中老年观众群体，又因为悬疑特色和偶像风格吸引了不少年轻观众，在电视剧市场取得了不错的反响。

从西南丝绸之路题材影像作品的发展现状来看，20世纪90年代和21世纪初期可谓各有侧重。20世纪90年代倾向于保存和记录，是对传统文化濒临消逝的深深忧虑；21世纪初期则更为关注普通个体的生存状态，更聚焦于社会转型期中的个体命运。然而，略有遗憾的是，在"一带一路"倡议的大背景下，当前丝绸之路题材影像创作的重心，更多集中到西北丝绸之路和海上丝绸之路的拍摄上面，西南丝绸之路的相关影像作品逐渐呈现出后继乏力的趋势。

不同路径也好，不同时期也罢，层出不穷的丝绸之路影视作品中折射出来的其实是不同区域、不同年代人们的情感诉求。特别是在中华民族伟大复兴的背景下，尤其需要通过某种文化载体来唤醒民族自信心、增强国家凝聚力，而承载着历史荣光和未来希望的丝绸之路，自然而然就肩负起了这一神圣的使命。正如导演陈晓卿所说，"丝路从来就不是一条固定的有形道路，从古至今，它代表的更是一种精神的力量。生活和穿梭在这条路上的人们，有着美好的梦想、坚定的信念和澎湃不息的动力，这是新《丝路》最想传递给观众的"①。

---

① 纪录片《丝路，重新开始的旅程》：展现当代人的丝路传奇[EB/OL]．(2016-04-11)[2022-06-22]．http://www.wenming.cn/wmzh_pd/yh/yhdt/201604/t20160411_3273837.shtml．

第三节 丝路影像中的民族图景与全球视野

当今世界,人群的流动、社会经济文化的交融已成全球化趋势。随着"丝绸之路经济带"和"21世纪海上丝绸之路"建设理念的提出,丝绸之路沿线地区、国家的文化交流日益加深。电影和电视作为兼具时代性和广泛影响力的媒介,在各民族、各国的文化交流中肩负着重要使命,对国家形象建构有着重要意义。在这种大背景下,中国丝绸之路的影像构建,一方面立足于民族主体性,致力于"讲好中国故事";另一方面放眼世界,注重不同国家、民族文化之间的交流融合。

一、讲中国故事,弘扬中华文化

中华民族有着悠久的文明和历史,在五千多年的时间长河中孕育出了优秀的传统文化。这一文化传统一脉相承,不仅积淀为中华民族最深沉的精神追求,也是中华民族在当前时代进行改革创新的根基所在。弘扬优秀传统文化,一方面可以让当代青少年了解历史、提升民族自信心,另一方面也可以通过文化传播的方式"自塑"中国形象,让国外的媒体、民众更加全面、客观地认识中国。因此,讲好中国故事,是文化传播的必然要求,也是时代赋予的重要使命。丝绸之路不仅是一条地理意义上的通道,丝绸之路沿线国家及地区在经济、军事、文化等各方面的发展,与世界文明史的进程息息相关。作为丝绸之路起点的中国,在弘扬传统文化、讲述丝路故事方面具有得天独厚的条件。早在新中国成立初期,国内主流媒体就通过实地勘察,并结合各种史料,以纪录片形式追溯过丝绸之路悠久的历史。"一带一路"倡议提出以来,丝绸之路题材的影视作品也迎来了一波创作高峰,纪录片、动画片、电影、电视剧、综艺节目、短视频等多种形式百花齐放,共同构筑了"讲好中国故事"的影像阵地。

"张骞通西域"的事迹可谓家喻户晓,但关于这一人物的影视呈现却并不多见。"在'一带一路'建设深入推进的背景下,《丝路传奇特使张骞》可以说是时代发展的需要和产物。该片重新审视张骞开辟陆上丝绸之路的重要性,突出中国自然地理、物产资源、科技、文化等的独特性,引导少年儿童树立起文化自信的意识,让故事在'循环叙述'中具有了当下的意义。"①《丝路传奇特使张骞》是央视动画有限公司为响应习近平总书记提出的"一带一路"倡议而推出的系列动画片。该片在尊重史实的基础上发挥想象力,以一对穿越时空的现代兄弟的视角,展现了特使张骞"凿空西域"、开启东西方文明交流新纪元的传奇历程。《丝路传奇特使张骞》秉承"严肃史实,戏剧演绎"的理念,创造了现代和古代两个时空,并利用高科技元素实现两个时空的合理转换。现代时空中,少年小奇和哥哥准备启程去敦煌;古代时空中,年仅25岁的张骞辞别汉武帝,带着一百多人的使团开启了出使西域的旅程。两个时空的叙事不仅有相关联的时间节点和古今印证的地标,而且还以穿越时空的方式,让观众跟随少年小奇的身影,一起见证了张骞使团的西行之路。片中,既有天山、火焰山、坎儿井、楼兰城等自然风光和人文景观,也有西域各地奇异的风土人情;既有张骞一行不畏艰险、开拓"丝路"的伟大壮举,也有丝路沿途各国人民互利互惠、友好相交的动人故事。通过对"张骞通西域"故事的戏剧性演绎,《丝路传奇特使张骞》生动讲述了张骞"凿空西域"、开创丝路的传奇经历。其穿越时空的视角也令青少年观众耳目一新,在增长见闻的同时,对丝绸之路的辉煌历史有了更进一步的了解,对西汉时期"博望西北"的战略有了更加深刻的认识。无独有偶,电影界也关注到了"张骞"题材影片创作尚处于空白的现象,于是浙江横店柏品影视传媒有限公司、曲江影视投资(集团)有限公司及北京馨友传媒有限公司联合出品了影片《大汉张骞》,并于2021年7月在爱奇艺平台上投放。影片以受命出使西域的张骞被困匈奴十年为背景,讲述了张骞矢志不渝、排除万难后带领同伴逃出匈奴的传奇经历。《史记·大宛列传》中,关于张骞被拘禁十年并伺机出逃的记载仅有寥寥数笔,《大汉张骞》却在真实历史的基础上作了艺术发挥,填充了"张骞娶妻""张骞受要挟绘制奔马图""张骞与大汉斥候耿乐的误会""张骞对抗匈奴大将军兰骥""张骞夫妇智取须卜迟"等大量细节。影片在勾勒张骞与妻子、张

---

① 陈可红.动画片《丝路传奇特使张骞》的"中国风"叙事模式[J].中国广播电视学刊,2019(6):91.

骞与堂邑父之间情感线索的同时,强化了以奔马图为争夺焦点的核心矛盾,使全片呈现出动人的情感与激烈的冲突,在讲述张骞故事的影视作品中,具有一定层面上的"激活"以及重构的意义。

在丝绸之路的发展史上,唐代是一个巅峰时期。大唐帝国以其强大的国力、繁盛的面貌,支撑起了那一阶段整个丝绸之路的贸易体系。四集纪录片《唐墓壁画中的丝路风情》以唐代墓室壁画为载体,从壁画的题材和内容中挖掘历史,考古唐人生活片段,在展现丝绸之路上博物馆馆藏和历史遗迹的同时,生动讲述了唐人世俗生活的风情故事。纪录片分为《万国衣冠拜冕旒》《葡萄美酒夜光杯》《天马来出月氏窟》《云想衣裳花想容》四个篇章,以陕西历史博物馆为起点开始讲述,总共涉及丝绸之路上八处大型博物馆和十处重要的考古遗址。《万国衣冠拜冕旒》以鸿胪寺迎宾礼节为引,从《客使图》讲起,重点讲了韩休墓葬壁画中的《乐舞图》。《乐舞图》呈现了韩休在家中欣赏乐舞班子演出的场景,可以说是唐代达官贵人春日闲暇时娱乐活动的一个侧证。图中,一边是唐朝女乐队,另一边是胡人男乐队,乐队中的胡人形象风格各异,可以看出这些胡人乐师来自不同的国家或民族。唐玄宗时期曾官至丞相的韩休,为人清廉,刚直敢谏,在他的墓室中都有大幅乐舞壁画,可以想象,一千多年前的唐人生活是多么富足!也正是因为如此,繁华富庶的长安才得以成为万国来朝的都城。《葡萄美酒夜光杯》篇从《宴饮图》开始,展现了唐代贵族游春宴乐的生活场景。唐人无论官阶高低,皆喜饮酒和诵诗。沿着丝绸之路传进长安的高足杯,作为葡萄酒专用的饮酒器具,在不少墓葬壁画中都有所体现。高足杯的广泛使用也充分证明了大唐帝国时期丝路上商贸往来的频繁与通畅。高昌国王曾据地域要塞之利而阻断丝路,唐太宗遂派军攻打高昌国,将高昌纳入大唐版图,并收获酿酒技术,"长安始识其味也"(《南部新书·丙卷》)。丝绸之路再次畅通以后,葡萄酒得以在贵族间流行。醇香的美酒使得唐朝诗人诗兴大发,"饮葡萄美酒,赏胡姬乐舞",不仅成为唐人日常生活中的主要娱乐活动,更成为唐诗中一道亮丽的风景线,催生了无数壮丽的诗篇。《天马来出月氏窟》篇从《云中车马图》里骅骝、骐骥的寓意说起,呈现了唐代画师对天马形象和马踏白云意象的理解。马是汉民族的图腾,在战争中有着举足轻重的地位。丝绸之路上,随着丝绸、瓷器、茶叶的对外流通,西域的骏马也被引进到中原腹地,逐渐改良着唐代马种的质量。《胡人献马图》就描述了两个胡人准备向大唐敬献马匹的场景。唐代全盛时期,马匹交易在进出口贸易总值中约占七成的比例。马匹质量直接影响着骑兵的作战水平,从这个意义上来说,发展马匹、发展畜牧业,不仅能促进社会经济的发展,还能提高军事能力,是强大国力的重要保障。对马的重视,也激发了唐人与马相关的爱好,狩猎和马球都成为那时非常受欢迎的运动。《云想衣裳花想容》篇借助《宫女图》中服饰的线条,讲述了唐代服饰的飘动之美。唐代壁画中女子服饰款式繁多、色彩斑斓,既展现了当时精湛的纺织技艺,也显示了武则天时期女性社会地位的极大提升。唐代女装的袒露风尚,壁画上的男装仕女图、女性骑马图,充分见证了唐代女性的自由洒脱,唐代女性的社会风貌可窥一斑。可见,唐都长安不仅是世界的政治经济文化中心,更是一座令人向往的时尚之都。《唐墓壁画中的丝路风情》正是通过四个篇章的讲述,将乐舞、饮酒、马球、服饰等生活图景一一道来,在盛唐热烈非凡的风情故事中勾勒出大唐帝国的面貌,从而激发起观者对"大唐风华"的向往之情,建立起强烈的民族自信心和民族自豪感。

讲中国故事,不只是要讲悠久的历史和优秀的传统文化,在"一带一路"倡议已提上重要日程的今天,讲全新的中国故事,展现全新的丝绸之路,更契合当前时代发展的要义。基于这样的目的,中央电视台纪录频道推出了8集电视纪录片《丝路·重新开始的旅程》,尝试以全新的视角讲述丝绸之路当下正在发生的故事。10岁的哈萨克少年努日波力,在观看了父亲参加的赛马比赛后,也翻上马背做起了练习。丝绸之路的历史长河中,对天马的追逐曾衍生出了无数荡气回肠的故事,也沿袭下了中亚草原游牧民族赛马叼羊这一文化习俗。在古代丝绸之路上,人们通过马匹行至更广袤的疆域,也看到了更为辽阔的世界。在现代社会,马依然是当地人们丰富的物产,赛马更是牧民心中勇士精神的象征。44岁的乔春江,肩负着昭苏马场种畜改良的重任,坚守着丝绸之路上人们数千年来追逐优秀马匹的传统。他在赛马过程中摸索着经验,也在寻找让马场重现昔日辉煌的契机。炼油厂的建设者朱强,见证了吉尔吉斯荒原上这座工厂的起步,为了按时完成项目计划工期,他和他的工友们正在全力以赴确保工厂按时投产。在意大利普拉托经营着一家纺织公司的金晓青,用中国人特有的勤劳缓解了当地纺织业的僵局,其服装销售遍及整个欧洲市场。翻越帕米尔高原来到巴基斯坦北部山区的赵越超,克服了山体垮塌、道路难以逾越的障碍,和勘探队的同事们一起开掘隧道,重新连接起丝绸之路,保障了丝绸之路上的物资运输和交通往来。数千年的岁月流转中,丝绸之路的样貌早已发生了翻天覆地的变化,然而,丝绸之路沿线地域的人们,却从未褪去心中的激情。无论是在国内还是在国外,勤劳勇敢的中国人都在用自己的努力为这条古老而漫长的通道开拓着新的生存空间。《丝路·重新开始的旅程》正是通过镜头记录下中国建设者"在失败中寻找胜利,在荒芜中重建生活,在漫长道路上创造奇迹"的故事,并由此传递出丝绸之路上延续了数千年的跋涉与进取精神。

在"一带一路"倡议的大背景下,银幕上涌现出了一大批"讲中国故事,传递中国声音"的优秀电影作品,吴京导演的《战狼》系列无疑是其中的佼佼者。《战狼》系列是现代军事题材电影,影片中倡导的爱国主义、反恐主义理念与"一带一路"倡议十分契合。《战狼1》以中外边境战争为背景,讲述了一个普通军人成长为战争英雄的传奇故事。片中,以狙击枪、坦克、直升机、无人机等为代表的武器装备,无不彰显着中国军队的军事实力。而吴京饰演的主人公冷锋,不仅具备神乎其技的射击水平,更有一身高超的"中国功夫",为影片烙印上了鲜明的"中国特色"。《战狼2》在延续《战狼1》主要角色的基础上,将故事发生地扩展到了非洲。面对非洲战乱,已经退役的冷锋尽显军人本色,充分发挥自己杰出的军事素养,在与外国雇佣军的较量中顽强拼搏,成功解救了中国同胞和他国难民。《战狼2》中激烈的战争场面让人热血沸腾,中国政府援救侨民的军事行动更是令人心潮澎湃。冷锋英雄行为的背后,呈现的是中国雄厚的国力以及负责任的大国姿态。影片以2011年利比亚撤侨事件和2015年也门撤侨事件为原型,通过孤胆英雄的传奇经历重新讲述了一个扣人心弦的中国故事。《战狼》系列向世界宣告了中国的经济和军事实力,展示了中国政府的和平理念及勇敢担当,体现了中国人民的爱国情怀与热血刚强,更增添了中国人民的国家认同感与民族自信心。

讲中国故事是一个重读历史的过程,也是一个继往开来的过程。讲好中国故事,应该是中国影视工作者的文化自觉。对普通民众而言,影视作品传播范围广泛,是一种具有较大影响力的文艺形式。在影视创作的过程中,注重对中国文化中坚强意志和进取精神的撷取,注重对华夏文明内涵和外延的展示,不仅能丰富作品意蕴,提升作品境界,更能强化民众对中国传统文化的认知,使文艺作品的文化功能、社会价值得到更大程度的体现。

二、瞻全球未来,融通民族与世界

民族性是一个国家或民族的根基,是经过一代一代积累最终沉淀于国民骨血里的精神烙印。民族文化则是在守护民族特性、继承民族传统的基础上,随着社会发展、时代进步而不断丰富的。丝绸之路自古以来就是东西方经济文化交流的通道,丝绸之路沿线国家的文化自有其本民族的文化属性,与此同时,丝路沿线国家的文化也呈现出开放、多元的风貌。

在"讲全新丝路故事"的纪录片《丝路·重新开始的旅程》中,不仅描述了丝绸之路上的中国城市、中国开拓者,主创团队同时也将目光投向了丝绸之路上其他国家的城市和人民。

中亚内陆国家吉尔吉斯斯坦,位于丝绸之路中段,独特的地理位置使得其境内的丝绸之路成为连接东方和西方的重要走廊。吉尔吉斯斯坦的首都比什凯克,在历史上也曾是丝绸之路上的重要驿站。阿巴基罗夫是当地的青年企业家,曾在日本留学的经历,以及他书桌上的书法作品——繁体汉字"夢",都显示了他对东方文化的向往。继承了一家破败工厂的他,正在为工厂的重建而努力。对吉尔吉斯斯坦来说,苏联时代已经过去,站在废墟上的吉尔吉斯斯坦亟待重建自己的经济体系。城市里可以看见很多中国元素,比如中国建设者们修建的道路,印着"中国制造"字样的交通工具,都是中吉这对邻居友好往来、守望相助的见证。这座古代丝绸之路上的中亚重镇,走过了与中国、与周边国家互通有无、文明互鉴的往昔,更期待着与世界携手共创辉煌未来。

土耳其是一个横跨亚欧大陆的伊斯兰教国家,曾经是古丝路的西端终点,东西方文化在这里交汇融合,留下了千年文明的印迹。伊斯坦布尔地跨两个大洲,如今是土耳其最大的城市。从小镇起步的台丰来到伊斯坦布尔,历经 25 年时间成为一名房地产开发商,雄心勃勃的他正在参与伊斯坦布尔老城区改造项目。这个项目给上万人提供了就业机会,项目建成后能为三万人提供舒适的居所。中国"一带一路"倡议的实施给土耳其带来了难得的发展机遇,这个一度处于全球十字路口地位的国家,有了重新找回地理枢纽位置的信心。中国西北大学广告专业的留学生胡赛飞·本利,来自土耳其一个名不见经传的小镇第累。第累依然保有延续了千年的生活方式,家族生意代代相传,邻里之间相互熟稔。这里的生活很慢,但还是有不少年轻人想到外面的世界去看一看。留学中国的胡赛飞应该算是小镇上走得最远的人。胡赛飞喜欢中国文化,不仅学习了中国书法,还学会了在麻将中与人沟通。每次回到家乡,他都会兴奋地向亲人们讲述自己在中国的见闻。自学了影视拍摄技巧的胡赛飞,正在为自己将要拍摄的丝绸之路电影而努力。见过外面世界的他,想让不了解中国文化的土耳其人看看中国究竟是什么样子。

意大利水城威尼斯,早就与中国结下了不解之缘。2500 年前,中国就辗转传入过古罗马的玻璃制品。著名旅行家马可·波罗,也是从威尼斯出发,历尽艰险后抵达中国的。菲利普·加比亚尼从小就听着中国的各种传闻长大,他 6 岁时学会用筷子吃饭,10 岁时开始阅读《马可·波罗游记》。加比亚尼家族是威尼斯的玻璃制造商,继承家族产业是父母对菲利普的期望。然而,有着自己想法的菲利普,却带着对中国的向往来到了上海。菲利普凭借自己的建筑师身份接受了外滩一座楼宇的修复设计项目,并尝试用自己对中国文化的理解重塑 100 年前的上海建筑。

阿联酋是海上丝绸之路的重要节点,奉行自由贸易精神的迪拜更已发展成为世界交通和物流的关键城市。为了开拓阿拉伯市场,中国与阿联酋联合创建了中东地区最大的商品集散地——迪拜龙城。奥马尔是迪拜龙城的总经理,他每天在巡查过程中都要和许多中国人打交道。在他看来,这些远离故土的中国人来到迪拜创业,带来数以万计中国商品的同时,也为迪拜的发展创造了无限商机。而今,有着战略眼光和包容特性的迪拜,已经成了新的丝路枢纽、名副其实的世界之城。

《丝路·重新开始的旅程》,以融通世界的视角,借由手中的镜头引领着观众们重走丝绸之路,从而展现了这条古老线路上人们当下的生活状态。不管是学生还是建筑师,不管是普通劳动者还是艺术家、企业家,不同身份的人因为置身丝绸之路都与世界有了连通的契机。过去,人们跋山涉水打通了东方与西方的联系;现在,人们飞跃山海往往是为了拓宽自己与世界的维度。年复一年,日复一日,总有无数道往来的身影为这条古老的道路注入鲜活的动力。这,便是丝绸之路永恒的魅力。

丝绸之路的开通连接起了亚欧大陆东西两端,也使得位于丝绸之路东端的长安和位于丝绸之路西端的罗马这两座历史名城遥遥相望,开启了两千多年的隔空对话史。百集微纪录片《从长安到罗马》,以"中国故事的国际表达,中国价值的全球视野"为创作理念,采用"双城记"的平行视角,深入丝路实地探寻,在对西安、罗马两个城市的古今观照中展现了中西方文明的跨时空交流。

西安城中的大唐西市遗址,是丝绸之路的起点,也是当时最繁华的世界贸易集市之一。皮草、香料、珠宝被运进来,丝绸、瓷器、茶叶被运出去,东西两市的"东西"原本代表方位,也逐渐演变为人们口中"买东西"的由来。地球另一端罗马近郊的奥斯蒂亚古城中,也有一处类似大唐西市的遗址——海滨市场。从店铺门前地面上保留的马赛克图案,甚至可以窥见古代商业广告的雏形。时间流转千年,无论是大唐西市还是奥斯蒂亚海滨市场,都已退出了历史舞台,然而,西安、罗马城中街市上喧闹的吆喝声和攒动的人头,依然昭示着这两座历史名城的商业繁荣。丝绸之路串联起了两座城市的前世今生,商业文明带来的影响一直泽被后世,生生不息。帝国的历史虽已消散,但城市的繁华从未落幕。从长安到罗马,地图上的直线距离只有 8000 公里,现代人乘坐飞机仅需 10 个小时,而古人徒步却至少需要一年的时间。在古代这条漫长的丝绸之路上,东西方的商人们往往是冒着生命危险去进行贸易往来的。

东方商人重利也重义,"酒胡捐钱"的故事非但讲述了商人王酒胡为修护朱雀门、安国寺两次捐献巨款的事迹,也彰显了长安商人雄厚的经济实力和义字当先的家国情怀。古罗马商人则更富于冒险精神,更重视善意和诚信的品质,《威尼斯商人》的故事中彰显的恰恰就是西方文化中备受推崇的契约精神。王酒胡也好,马可·波罗也罢,他们都是历史长河中丝路商人的一个个小小化身。

游走在东西方之间的丝路商人们，怀着自己对财富的热望以及对价值的追求，完成了一次又一次的冒险里程，为城市繁荣和商业兴盛做出了巨大贡献。

《从长安到罗马》不仅生动描绘了丝路商人的风采，而且还沿着这两座城市的时空坐标，探寻了中西方文化各自的文明密码。古罗马帝国的统治者用最坚固的石材把罗马建成为一座石头之城，希望能用固若金汤的城池求得王朝永恒。然而，随着古罗马帝国的陨落，其官方文字拉丁文也失去了生存的土壤，如今已不再通用。在拉丁字母的基础上，衍生出了英文、法文、西班牙文等多种西方文字，古罗马文明的力量得以在潜移默化间传播。中国的皇帝也渴望千秋万载，于是要求用最坚硬的石头刻下文字，使无形的思想能在一座座石碑中世代相袭。有着五千年时间沿革的中国汉字，横竖撇捺间都有着独特的生命力，从未断过传承。世界上最有特色的两种文字，都与长安、罗马这两座城市有着千丝万缕的联系。而今，罗马城里古老的石头建筑，西安城里令人叹为观止的碑林，似乎都在诉说着城市和王朝的辉煌往昔。

有着"中东乐器之王"称号的乌德琴，经由丝绸之路分别向东向西传播。乌德琴传到中国，经过改良，有了现在的琵琶。乌德琴传到意大利，于是有了流行千年的曼陀铃。琵琶和曼陀铃可谓同宗同源，从结构、形状到演奏技巧都十分相似。丝绸之路连接起了长安和罗马这两座古老的城市，文化、艺术、商贸、军事都在这条路上有了交汇的轨迹，而《从长安到罗马》这部百集系列长片也对两座城市社会生活的方方面面进行了充分的展现。

《从长安到罗马》是在"一带一路"倡议背景下，中外媒体倾力合作、共同打造的影视项目。作品在兼具民族特色和国际视野的基础上，有着较高的艺术价值。不同的社会制度，不同的历史文化，不同的意识形态，因为丝绸之路而拥有了共同的语境，产生了跨越时间和空间的交流，从而有了两种文明互学互鉴、交相观照的可能。

作为丝绸之路起点的中国，有着几千年的悠久历史。自汉唐以来，中华文明与外来文明多次融合，在坚守根本的基础上与时俱进，不断迸发出无限生机，成为人类文明史上唯一传承至今的古老文明。正是这种具有宽广胸怀的包容性，正是这种具有强大民族自信的修复能力，造就了中华文化的博大精深、延绵不绝,也形成了中华文化集民族特性和全球视野于一身的文化格局。受此种文化理念的驱动,中国丝绸之路题材的影视创作,在构建本民族文化认同的过程中,也一向注重处理个性与共性的关系,并始终将民族与世界紧密联系在一起。

三、搭影像平台,促进民心相通

早在先秦时代,孔子就提出了"诗可以兴,可以观,可以群,可以怨"一说,用"诗歌可以激发情志,可以观察世事,可以交朋结友,可以怨刺不平"来喻示文艺作品的社会功能。唐代诗人白居易认识到文人的历史责任感,也曾发出"文章合为时而著,歌诗合为事而作"的呼声。邓小平同志一再强调,"我们的文艺属于人民"。古往今来,无论是圣贤先哲还是革命领袖,都深谙"文艺为时代前行提供精神力量"的道理。2019年3月,习近平总书记在看望参加全国政协十三届二次会议的文艺界社科界委员时指出,"文化文艺工作、哲学社会科学工作就属于培根铸魂的工作",再次明确了新时代文艺的目标和定位。"一带一路"倡议要求国与国之间实行"五通",即政策沟通、设施联通、贸易畅通、资金融通、民心相通。而民心相通就意味着丝路沿线国家应通过互办文化年、艺术节、电影节、电视周和图书展等多种活动,进行广泛的文化合作与交流。

在中宣部指导下,国家新闻出版广电总局于2013年策划了"丝绸之路影视桥工程",并从2014年3月开始实施。该工程的宗旨是推选出一批优秀的"一带一路"题材影视作品,包括电影、电视剧、纪录片、动画片等。

2014年播出的电视剧《父母爱情》,在创下当年超高收视率后,又先后斩获第二十届上海电视节"白玉兰奖"、第三十届电视剧"飞天奖"入围剧目奖、第二十四届上海电视节"白玉兰奖"国际传播奖等国内重大奖项,是"丝绸之路影视桥工程"重点推出的电视剧作品。据原国家新闻出版广电总局国际合作司工作人员介绍,"2016年5月,为配合习近平主席出访埃及,阿拉伯语版《父母爱情》在埃及国家电视台同期播出,收视率达3.8%,突破了埃及国家台的历史纪录,观众人数多达400万。电视剧在埃及的播出,让更多埃及人了解了当代中国,也拉近了两国人民的距离。播映期间,连开罗的出租车司机见到中国客人也会兴致勃勃地聊起《父母爱情》。"①《父母爱情》里展现的 20 世纪的爱情模式,不仅让中国的年轻人看到了老一辈的爱情故事,也打开了埃及观众关于 20 世纪五六十年代的记忆画面。在埃及观众看来,中埃两国人民都推崇仁孝与忠恕,电视剧《父母爱情》里传递出来的情感和文化完全是相通的,所以该剧才备受欢迎。

在蒙古国,"丝绸之路影视桥工程"自 2015 年启动,次年成立的中国影视剧喀尔喀蒙古语译制中心具体承担该项目的实施工作。自此,"中国剧场"登陆蒙古国主流电视媒体。2018 年 6 月,曾在国内引发中国观众热议的家庭题材电视剧《小别离》,在蒙古国 ASIAN BOX 影视频道黄金档播出,迅速掀起了蒙古观众的追剧热潮,并夺得了同时段收视冠军。《小别离》围绕三个中考家庭,讲述了家长们面对孩子升学、留学、青春期等各种问题的故事。剧中呈现的亲子关系、教育现状、价值理念,具备极强的当下性,直击观众痛点,所以才能引起广泛的情感共鸣。《小别离》在蒙古的热播是中国电视剧现实主义创作观的成功,也是"丝绸之路影视桥工程"项目成功"出海"的典型案例。广播影视是中蒙文化交流与合作的重点领域,《小别离》《平凡的世界》《北京青年》《扶摇》等一大批优秀影视作品的输出,极大提升了蒙古国人民对中国社会的全面认识,促进了中蒙两国之间的民心相通,为深化两国关系做出了积极贡献。

"丝绸之路影视桥工程"的实施,使得中国优秀影视剧的海外交流成为中国与"一带一路"沿线国家民心相通的重要形式。广播影视对外工作应围绕"一带一路"倡议,"充分发挥行业优势,找准定位,精准发力,扮演好三个角色",即"一带一路"倡议的"解读者、政策践行者和文化传播者"②。习近平总书记在诸多重要场合多次强调要"讲好中国故事",这是时代赋予中国广播影视的历史使命。以优秀的影视作品为纽带,发挥文化传播的优势,以此带动经济、政治领域的交流合作,是当前"一带一路"沿线国家的积极举措。

丝绸之路国际电影节,是"丝绸之路影视桥工程"的重点项目。2014 年 10

---

① 李明远."丝绸之路影视桥"工程让民心贴得更近[N].中国新闻出版广电报,2017-05-17(6).

② 童刚.总结经验坚定信心扎实推进"丝绸之路影视桥工程"[J].中国广播电视学刊,2016(10):11.

月,首届丝绸之路国际电影节在西安举办,共展出丝路沿线 26 个国家的 188 部电影作品,国内外征片反响热烈。此后,丝绸之路国际电影节每年举办一届,由陕西省人民政府和福建省人民政府主办,至 2020 年 10 月,西安市、福州市已轮流承办过七届。电影节是电影工业集中展示其繁荣成果的平台,对于各国电影产业合作、电影文化交流方面的作用是显而易见的,意大利威尼斯国际电影节、法国夏纳国际电影节、德国柏林国际电影节是目前最权威、最有影响力的三大国际电影节。"电影节是通向世界的一个隐喻窗口,它最佳地诠释了电影文化的跨国本质和社会形态范畴意义。"①中国举办丝绸之路国际电影节,一方面可以通过面向全球征集电影作品这一行为,参与世界电影话语体系的建构,进而能在全球文化竞争中发出自己的声音。另一方面,可以通过电影节这个平台,加强丝绸之路沿线国家之间的文化交流,促进国与国之间的民心相通。中印合拍电影《功夫瑜伽》项目,就是在首届丝绸之路国际电影节上签订的。影片以中国功夫和印度瑜伽为主要表现元素,讲述了几个考古学师生的探险经历。影片具有典型的丝路影像风格,比如对丝绸之路历史的讲述,对丝绸之路地理空间的考证,都呈现出明显的丝绸之路地缘文化方面的特征。作为丝绸之路国际电影节合作交流成果的《功夫瑜伽》,"承担传递中国主流价值观和国家意识形态的责任和功能,并理解和把握电影的本性,以艺术的形式穿越于商业性和意识形态之间,契合着中国故事的讲述"②,具有非常自觉的丝路意识。以中国和印度之间文化差异和沟通理解为主要议题的电影《大唐玄奘》,借由对玄奘西行取经故事的历史溯源,展现了丝绸之路沿线国家文化的融合性与对话性,在第三届丝绸之路国际电影节上荣获最佳故事片大奖。第三届丝绸之路国际电影节征片范围极广,涵盖周边 57 个国家及地区,展映数量高达 320 部影片。尽管不同国家和地区之间电影创作的水平尚有差距,但依然可以透过这些作品体察到不同国家的风俗民情和价值追求。第三届丝绸之路国际电影节的主题正是"发

---

① 赵艳.丝绸之路国际电影节的文化身份问题[J].西北大学学报(哲学社会科学版),2021(3):144-150.

② 金鑫.丝绸之路商业影像的隐喻艺术解析:以成龙丝路电影为例[J].当代电影,2018(11):149-152.

展中的电影 多样性的文化",这一主题十分契合丝绸之路文化中的多元化与包容性特征。第七届丝绸之路国际电影节吸引了116个国家和地区的3000余部影片参与征片,最终展出影片500余部,掀起了一阵全民观影的热潮。第七届电影节以"丝路连接世界 电影和合文明"为主题,通过中华文化中的和合思想来倡导国与国之间文化交流融合、文明成果共享的理念。"和合思想的复兴,不是文明排斥冲突,而是文明包容互鉴,更加持久地贡献于、丰富于人类多样化的文明体系,与此共成长、共进步。"①随着丝绸之路国际电影节影响力的日益扩大,以影像为媒介来推动文明互鉴、促进民心相通,已经成为丝路沿线国家的一种共识。在"一带一路"的时代语境下,丝绸之路国际电影节对加强丝路沿线各国之间文明对话的作用将越来越明显。

回望丝路历史,弘扬丝路精神,是中华文化在继承中发展、在守根中进化的必然举措。科技的进步、交通方式的便捷,使得国家与国家之间、地区与地区之间融合、依存的程度不断深化,彼此交流、互信的根基也愈发稳固。见证了欧亚大陆两千年贸易往来和文明互通历程的丝绸之路,在新的时代背景下,依然赓续着促进东西方文明交流互鉴的伟大使命。

文化自信,影视先行。两千年时代更迭,千万里桑田变幻,丝绸之路沿线国家、城镇早已不复当初的样貌。典籍中的文字记载,固然可以让世人在脑海中遥想那时那地的景况,但文字的描述毕竟达不到场景复原、再现的效果,而兼具真实再现和艺术表现功能的影像,自然担负起了"记录当下、讲好故事"的重任。

梳理丝绸之路影像作品,构建丝绸之路的影像话语体系,为"讲好中国故事,传播丝路精神"提供了切实可行的路径。在对丝绸之路影像话语的整体观照中,既能触摸到民族文化的精魂,亦可得见共享与交融的盛况。丝路精神与人类命运共同体意识,实质上一脉相通,薪火相传。一言蔽之,构建影像丝绸之路,既要扎根于民族文化的基石,又要具备开放的格局与眼光,才能在坚守文化根本中纳万千气象,不断融汇创新,真正发挥好文艺作品的功能作用。

---

① 胡鞍钢.中国的伟大复兴是和合文明的复兴[J].人民论坛,2013(16):23.

参考文献

[1] 阿里·玛扎海里.丝绸之路:中国—波斯文化交流史[M].耿昇,译.北京:中国藏学出版社,2014.

[2] 彼得·弗兰科潘.丝绸之路:一部全新的世界史[M].邵旭东,孙芳,译.杭州:浙江大学出版社,2016

[3] 陈可红.动画片《丝路传奇特使张骞》的"中国风"叙事模式[J].中国广播电视学刊,2019(6):89-91.

[4] 陈一.纪录片与国家形象传播[M].北京:中国人民大学出版社,2019.

[5] 杜尚泽,郝洪.习近平会见乌兹别克斯坦总统[N].人民日报,2014-05-21(1).

[6] 杜尚泽,赵成.习近平会见巴基斯坦总统[N].人民日报,2014-05-23(1).

[7] 郭占恒.中国改革开放四十年的十大成因[EB/OL].(2018-12-22)[2022-06-01].https://mp.weixin.qq.com/s/8hXaK6c1tOeZtQ5TrWfvHA.

[8] 弘扬人民友谊共创美好未来:在纳扎尔巴耶夫大学的演讲[EB/OL].(2013-09-07)[2022-06-05].https://www.xuexi.cn/fc2a4c41c07974846bf14fc10be5b6ea/e43e220633a65f9b6d8b53712cba9caa.html.

[9] 胡鞍钢.中国的伟大复兴是和合文明的复兴[J].人民论坛,2013(11):22-23.

[10] 胡博.2016年纪录片类节目播出、收视回顾[J].视听界,2017(2):

36-40.

[11] 胡智锋,江逐浪."真相"与"造像"电视真实再现探秘[M].北京:中国广播电视出版社,2006.

[12] 季羡林.敦煌学、吐鲁番学在中国文化史上的地位和作用[M]//中国文化与东方文化.北京:新世界出版社,2017:171.

[13] 蒋波.印度总统会见黄晓明 《大唐玄奘》促进文化交流[J/OL].(2116-05-16)[2022-06-17].http://ent.people.com.cn/n1/2016/0526/c1012-28382157.html.

[14] 金鑫.丝绸之路商业影像的隐喻艺术解析:以成龙丝路电影为例[J].当代电影,2018(11):149-152.

[15] 凯瑞.作为文化的传播[M].丁未,译.北京:华夏出版,2005.

[16] 匡文波,任天浩.国家形象分析的理论模型研究:基于文化、利益、媒体三重透镜偏曲下的影像投射[J].国际新闻界,2013(2):92-101.

[17] 李共伟.纪录片中的3D新势力[J].中国电视,2013(11):31.

[18] 李黎丹.央视春晚意识形态运行模式的变迁[J].现代传播,2011(5):30-34.

[19] 李明伟.丝绸之路研究百年历史回顾[J].西北民族研究,2005(2):90-106.

[20] 李明远."丝绸之路影视桥"工程让民心贴得更近[N].中国新闻出版广电报,2017-5-17(6).

[21] 刘蒙之,刘战伟.新时期我国纪录片创作由"宏大叙事"到"平民视角"的嬗变:从纪录片《我在故宫修文物》谈起[J].电视研究,2016(11):62-64.

[22] 刘士林,等.中国丝绸之路城市群叙事[M].上海:东方出版中心,2015.

[23] 刘婷.影像叙事[M].北京:中国传媒大学出版社,2006.

[24] 马可·波罗.马可·波罗游记[M].梁生智,译.北京:中国文史出版社,1998.

[25] 倪祥保,邵文艳.纪录片专题概论[M].苏州:苏州大学出版社,2009.

[26] 齐虎,赵艺玲.纪录片的空间叙事研究[J].电视研究,2017(8):84-86.

[27] 佘惠敏.我国与161个国家和地区建立科技合作关系[N].经济日报,2020-10-28(2).

[28] 沈济时.丝绸之路[M].北京:中华书局,2010.

[29] 沈悦,孙宝国."一带一路"视域下的中国纪录片国家形象传播路径探析[J].中国编辑,2018(6):88.

[30] 石章强,周攀峰.软传播:打造品牌强寿力[M].北京:中国经济出版社,2009.

[31] 童刚.总结经验坚定信心扎实推进"丝绸之路影视桥工程"[J].中国广播电视学刊,2016(10):9-11.

[32] 王沪宁.作为国家实力的文化:软权力[J].复旦学报(社会科学版),1993(3):91-96.

[33] 王丽."互联网+"时代"一带一路"文化传播模式探析[J].理论月刊,2017(10):83-87.

[34] 王明珂.华夏边缘:历史记忆与族群认同[M].北京:社会科学文献出版社,2006.

[35] 王萍.纪录片创作与中国形象建构[J].中华文化论坛,2014(9):173-177.

[36] 王泰来.叙事美学[M].重庆:重庆出版社,1987.

[37] 王霄冰,迪木拉提·奥迈尔.文字、仪式与文化记忆[M].北京:民族出版社,2007.

[38] 王义桅.中国梦的世界意义与文明担当[N].人民日报海外版,2018-02-22(1).

[39] 王志安.马家窑彩陶文化探源[M].北京:文物出版社,2016.

[40] 王宗光.甘肃石窟文化综述[J].西北民族学院学报(哲学社会科学版),2002(4):33-36.

[41] 巫新华.新疆的丝路地位与文化底蕴[EB/OL].(2015-11-17)[2022-06-29]. http://www. kaogu. cn/cn/xueshuyanjiu/yanjiuxinlun/bianjiangji

zhongwai/2015/1117/52053. html.

[42] 习近平. 习近平谈"一带一路"[M]. 北京:中央文献出版社,2018.

[43] 习近平:决胜全面建成小康社会 夺取新时代中国特色社会主义伟大胜利——在中国共产党第十九次全国代表大会上的报告[R/OL]. (2017-10-27)[2022-06-03]. https://www. 12371. cn/2017/10/27/ARTI1509103656574313. shtml.

[44] 习近平同哈萨克斯坦总统纳扎尔巴耶夫举行会谈[EB/OL]. (2014-05-19)[2022-06-29]. https://www. xuexi. cn/1b07725245dffa2d06a6adc7fb1ef b31/e43e220633a65f9b6d8b53712cba9caa. html.

[45] 谢红焰. 电视画面编辑[M]. 北京:中国传媒大学出版社,2013.

[46] 徐兆寿,巩周明. 大说丝绸之路:新时期以来丝绸之路题材纪录片考察[J]. 中国电视,2017(11):50-55.

[47] 杨国桢,王鹏举. 中国传统海洋文明与海上丝绸之路的内涵[J]. 厦门大学学报(哲学社会科学版),2015(4):22-27.

[48] 杨琳. 丝绸之路:跨文化融汇与传播的标本[N]. 光明日报,2017-05-18(12).

[49] 杨眉,郭芳,姚冬琴. 新丝路战略的经济支点[J]. 中国经济周刊,2014(26):18-27,88.

[50] 余传友. 影像外交:对"一带一路"语境下央视大型纪录片的解读[J]. 电视研究,2019(6):34-35.

[51] 约翰·菲斯克. 电视文化[M]. 祁阿红,张鲲,译,北京:商务印书馆,2005.

[52] 约翰·霍布森. 西方文明的东方起源[M]. 孙建党,译. 济南:山东画报出版社,2009.

[53] 云德. 电视跟风当慎行[J]. 当代电视,2014(10):1.

[54] 云南电视台. 用世界语言 讲中国故事:《茶马古道》精彩入围 2007 法国戛纳电影节[J]. 广告人,2007(5):118.

[55] 张阿利,王璐."一带一路"电影样态生成与中国电影对外传播话语体

系重构[J].艺术评论,2019(8):7-16.

[56] 张颖敏,杜彬.少数民族电视剧符号生产与受众认同:以电视剧《丝绸之路传奇》为例[J].新闻传播,2016(14):11-14.

[57] 赵明昊.习近平会见孟加拉国总理哈西娜[N].人民日报,2014-06-11(1).

[58] 赵艳.丝绸之路国际电影节的文化身份问题[J].西北大学学报哲学社会科学版,2021(3):144-150.

[59] 赵毅衡.符号学原理与推演[M].南京.南京大学出版社,2011.

[60] 赵竹青.我国对"一带一路"沿线国家投资持续增长[EB/OL].(2021-06-04)[2022-06-07]. http://finance. people. com. cn/n1/2021/0604/c1004-32122378. html.

[61] 中国视听大数据 2020 年度收视综合分析[J].影视制作,2021(1):14-22.

[62] 仲呈祥,孙百卉.电视剧《丝绸之路传奇》的启示:视角准确形象丰满[EB/OL].(2015-11-06)[2022-06-11]. http://ent. people. com. cn/n/2015/1106/c1012-27786392. html.

[63] 周胜林.论主流媒体[J].新闻界,2001(6):11-12.

后　记

　　童年时，在电视上看过舞剧《丝路花雨》的演出，被剧中的盘上舞和反弹琵琶舞姿深深吸引。与此同时，敦煌壁画、唐代交易会、波斯商人、琵琶伎乐天也成为与这场演出相连的关键词，构成了我对丝绸之路最初的印象。在成长的过程中，越来越多的丝绸之路影像作品不断丰富着我对丝绸之路的认知，也逐步建构起了我对丝绸之路的影像记忆。

　　工作以后，因为定居成都以及游览茶马古道的关系，对南方丝绸之路关注较多，于是结合自己从教的专业，从影像视角切入对丝绸之路的研究，申报了四川省哲学社会科学规划项目"南方丝绸之路的影像叙事与丝路文明的活态传承"。本书稿则是教育部青年项目"中国丝绸之路的影像叙事研究"结题成果，是在之前省级课题研究基础之上所作的拓展。

　　2017年，收到刘士林教授新作《中国丝绸之路城市群叙事》一书时，不禁心下感慨，自己在课题申报方面进行的思考，不经意间倒与老师团队的研究方向有了隐约契合之处。虽已毕业多年，但也仿佛能借着这些微的学术共振，获得继续前行的力量。

　　本书能够成稿，离不开师友们的帮助和支持。感谢刘玉邦老师在课题申报时予以我的帮助，没有刘老师的及时提醒，我将会错过课题申报的时机。感谢一直参与这个项目的研究生们，祁元丽、李文、马娟娟、吴念、刘芳冰、陈逸铃，都在资料收集和文稿整理过程中付出了许多时间和心力。感谢杨利军编辑在书稿编辑出版过程中付出的心血和劳动。

图书在版编目(CIP)数据

中国丝绸之路的影像叙事研究 / 王萍著. —杭州：
浙江大学出版社,2022.7
ISBN 978-7-308-22860-2

Ⅰ.①中… Ⅱ.①王… Ⅲ.①丝绸之路－影视艺术－
文化传播－研究－中国 Ⅳ.①K203②G12

中国版本图书馆 CIP 数据核字(2022)第 132779 号

中国丝绸之路的影像叙事研究
ZHONGGUO SICHOU ZHI LU DE YINGXIANG XUSHI YANJIU
王 萍 著

责任编辑	杨利军(ylj_zjup@zju.edu.cn)
责任校对	汪淑芳
封面设计	雷建军
出版发行	浙江大学出版社
	(杭州市天目山路 148 号　邮政编码 310007)
	(网址:http://www.zjupress.com)
排　　版	浙江时代出版服务有限公司
印　　刷	广东虎彩云印刷有限公司绍兴分公司
开　　本	710mm×1000mm　1/16
印　　张	11
字　　数	180 千
版 印 次	2022 年 7 月第 1 版　2022 年 7 月第 1 次印刷
书　　号	ISBN 978-7-308-22860-2
定　　价	45.00 元